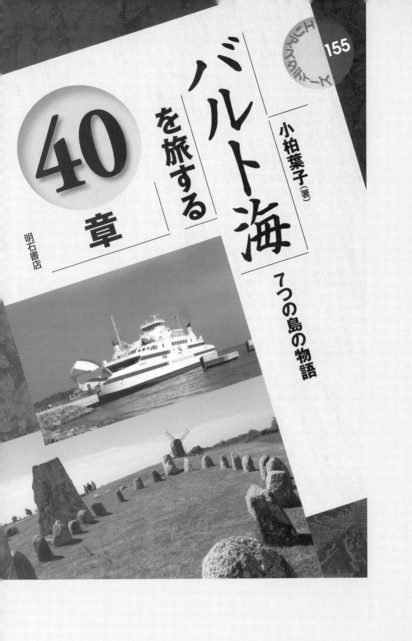

エリア・スタディーズ 155

バルト海を旅する40章

7つの島の物語

小柏葉子（著）

明石書店

はじめに　バルト海域——島々へのいざない

バルト海——ロシア、エストニア、ラトビア、リトアニア、ポーランド、ドイツ、デンマーク、スウェーデン、フィンランドに囲まれた表面積41万2560平方キロメートルのこの海は、平均水深55メートル、最深でも459メートルという浅瀬の海であり、海水が入れ替わるのに約30年かかるという内海である。バルト海は、古くから、海上交通によって人やモノが行き来し、交易や文化交流、あるいはまた紛争の場となってきた。

本書は、そうしたバルト海を沿岸からではなく、そこに浮かぶ島々を立ち位置としてみてみようというものである。もちろん、バルト海に浮かぶ島々も、沿岸諸国・地域の動向から切り離された存在ではなく、むしろ沿岸諸国・地域の動向と密接に関係してきた。しかし、また同時に、島々は、いわゆる沿岸の「本土」とは一味異なる、独自の歴史的背景や役割を背負ってきた。このようなバルト海の島々を旅し、そこからバルト海をみてみることを通じて、人やモノ、情報などが行きかうバルト海の「海域」としての姿を浮き彫りにしてみたい、というのが、本書の意図するところである。

とはいっても、バルト海には無数の島々があり、そのすべてを扱うのは、とうてい不可能である。ここでは、バルト海の島々の中で、比較的面積規模が大きく、1989年に国境を越えて「バルチック7」という協力枠組みを立ち上げた7つの島、サーレマー、ヒーウマー、オーランド、ゴットランド、エーランド、ボーンホルム、リューゲンをとりあげることにしたい（このうち、オーランドは、正確にいえば、約6700の島々からなる諸島である）。本書では、これら7つの島をバルト7島と呼ぶことにしよう。

次に、バルト7島について、簡単に紹介しておこう。

まず、西の端に目向けると、エストニア領のサーレマー島がある。小さいものも含め1500以上の島々が存在するエストニアの中で、2673平方キロメートルという最大の面積を持つ島であり、バルト海の島の中でも、ゴットランド島に次ぐ大きさを誇る。サーレマーとは、エストニア語で、「島々の地」を意味する。古くは、ドイツ語で、エゼルと呼ばれていた。人口は約4万人を数える。

サーレマー島の北に位置するのが、同じくエストニア領のヒーウマー島である。エストニアの島の中で、サーレマー島に次いで、第2の面積（989平方キロメートル）を持つ島である。ヒーウマーという島名は、島の伝説に登場する「巨人」を意味するエストニア語に由来する。スウェーデン語でダゲー、「1日の島」と呼ばれていたことがあり、スウェーデンから1日で来ることのできる島を意味するとされる。人口は約1万人である。ちなみに、エストニアの島に住む住民の約98％は、ヒーウマー島と先のサーレマー島に住んでいる。

バルト海をヒーウマー島からさらに北上すると、オーランド諸島がある。前述のように、オーランド諸島は、総面積1万3517平方キロメートルの大小合わせて約670

0の島々からなる「群島」であるが、このうち人が居住しているのは、約65である。オーランド諸島がユニークなのは、フィンランド領ではありながら、約2万7000人の住民のほとんどがスウェーデン語を話す人々であり、自治政府を樹立している点、そして非武装化されている点である。

オーランド諸島から一転、南西方向に下ったところにあるのが、スウェーデン領のゴットランド島である。ゴットランド島の面積は、バルト海の島で最大の2994平方キロメートル（佐賀県より一回りほど大きい）であり、人口は約5万7000人である。この島は、「バイキングの島」として名高く、またハンザ商人の一大拠点だった島の中心地ヴィスビューは、ユネスコの世界遺産に登録されている。

そのゴットランド島の西隣に、あたかもスウェーデン本土に寄り添うかのごとく、細長く伸びている島が、同じくスウェーデン領のエーランド島である。この島と対岸のスウェーデン本土カルマルとの間には、北欧で2番目に長い6070メートルの橋が架かっている。エーランド島は、面積1342平方キロメートルと、スウェーデンの島の中でゴットランド島に次ぐ大きさであり、人口は2万5000人弱である。島の南半分は、農業景観として、ユネスコの世界遺産に登録されている。

エーランド島からさらに南下したところに位置しているのは、デンマーク領のボーンホルム島である。面積は、淡路島ほどの約590平方キロメートルと、7つの島の中でいちばん小さい。人口は、4万3000人ほどである。ニシンの燻製やチーズなどの乳製品が島の特産品として知られているが、近年では、風力発電といった再生可能エネルギーの利用を推進するなど、「環境の島」としても知られるようになった。

最後は、ボーンホルム島から南西方向に下ったところにあるドイツ領のリューゲン島である。面積935平方キロメートルのリューゲン島は、ドイツ最大の島であり、人口は7つの島の中で一番多い約7万3000人である。ハンザ都市として知られる対岸のシュトラールズントとは、橋で結ばれている。リューゲン島は、第2次世界大戦後、東西ドイツ統一までは、東ドイツに属していた。


バルト7島を概観した後は、本書の構成について触れておきたい。

本書は、バルト海に浮かぶ7つの島、バルト7島に焦点を当て、そこへの旅を通じて、いわばバルト海という舞台そのものから「海域」としてのバルト海をみてみようとするものである。そこで、最初に、バイキングやハンザ商人、北方十字軍の時代から現代にいたるまでの島々からみたバルト海域の歴史を大まかにたどってみることにしたい。これは、島々が置かれた時代状況をつかむための全体の見取り図といったところである。

全体の見取り図としての歴史的背景を踏まえたら、いよいよ、サーレマー島以下、バルト7島の現地を実際に訪ねる旅に出てみよう。それぞれ個性豊かなこれらの島々を歩きながら、歴史という時間を縦糸に、訪ね旅した現地の空間を横糸に、固有の空間でありながら海に向かって開かれてきた島々の姿を、モザイク的に描き出していくことにする。そして最後に、冷戦終結の流れの中で始まったバルト7島の国境を越えた協力について、そこに携わった現場の人々の声に基づきながら紹介することにしたい。

本書全体を通じて、バルト海に浮かぶ7つの島々の姿、そしてそこから「本土」からみたのとは必ずしも同じではない、バルト海の「海域」としてのありようを感じとっていただければ幸いである。

バルト海全図

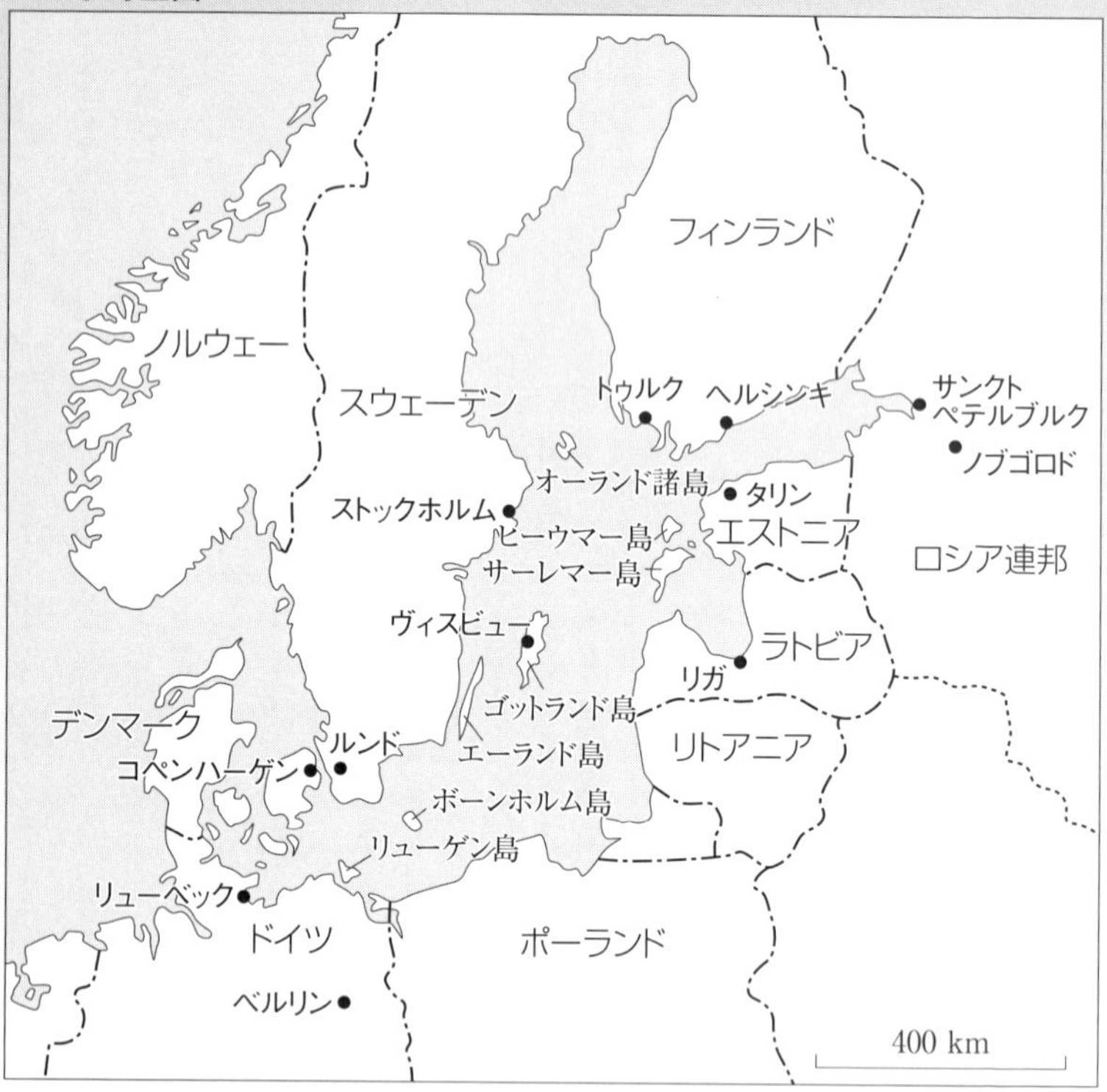

百瀬宏・志摩園子・大島美穂『環バルト海——地域協力のゆくえ』岩波新書、1995年より作成。

バルト海を旅する40章——7つの島の物語

目次

はじめに　バルト海域――島々へのいざない　3
バルト海全図　8

第Ⅰ部　〈プロローグ〉島々からみたバルト海域の歴史

1　バイキングとハンザ商人、騎士団――古代・中世のバルト海域を彩った人々　16
2　スウェーデンからロシアへ――バルト海域の覇者の下で　22
3　国民国家と世界大戦――嵐の時代のバルト海域　28
4　冷戦、そして冷戦後とヨーロッパ統合の深化・拡大の中で――バルト海域の新たな時代　34

第Ⅱ部　サーレマー島――ネズの木の島

5　司教の城　42
6　騎士団との攻防　48
7　島の自然　54
8　占領と戦争と　60
9　国境の島からリゾートの島へ　66

［コラム1］　3度名前が変わった町　72

第Ⅲ部　ヒーウマー島──白鳥の島

10　「1日の島」ダゲー　76
11　閉ざされた島の「伝説」　82
12　中世の灯台　88
13　島民気質　94
14　ドイツとの縁　100
［コラム2］　サマー・ピープル　106

第Ⅳ部　オーランド諸島──架け橋の群島

15　船とともに歩んできた島々　110
16　スウェーデンとの関係　116
17　熊の前足　122
18　バルト海の架け橋　128

19　変化の中で　134
［コラム3］ルーツは島に　140

第Ⅴ部　ゴットランド島――石と花の島

20　商人たちの盛衰　144
21　教会の島　150
22　石の墓、石の砦　156
23　海賊群像　162
24　船出した人々　168
［コラム4］よみがえった鉄道　174

第Ⅵ部　エーランド島――陽光の島

25　城を造った王たち　178
26　北と南　184
27　遺跡三態　190

28　風車のある風景　196
29　王家の保養地　202
［コラム5］島を彩る伝説　208

第Ⅶ部　ボーンホルム島——風の島

30　円形教会　212
31　古城と統治者たち　217
32　風景と画家　223
33　未来への摸索　228
34　戦争と島　234
［コラム6］住民の劇場　240

第Ⅷ部　リューゲン島——環の島

35　石段と白い崖の町　244

36　幻のリゾート　250
37　ラーン人　256
38　領主たちの望み　262
39　リゾートタウン点描　268
［コラム7］冷戦の遺構　274
40　〈エピローグ〉バルト7島の協力　276
おわりに　288

※本文中、特に出所の記載のない写真は筆者撮影によるものです。

第Ⅰ部

〈プロローグ〉島々からみたバルト海域の歴史

1 バイキングとハンザ商人、騎士団
――古代・中世のバルト海域を彩った人々

バルト海の島々に人が住むようになったのは、紀元前にさかのぼるとされる。たとえば、オーランド諸島の場合、約6000年前に東から、そしてその数百年後に今度は西から、人々が移り住み、獣やアザラシ、魚などを捕る生活をおくっていた。しかし、こうした時代のバルト海の島々のことは、遺跡を通じてうかがい知るのみであり、文字に書かれた歴史として私たちが知ることのできるのは、バイキングが活躍した800年頃以降のことである。

当時、バルト海沿岸地域に住む人々は、部族社会を形成し、互いに襲撃しては略奪する、という行動をとっていた。このうち、スカンジナビア半島東部に住む人々は、航海に適し、かつ川を航行することも可能な浅く長い船を建造し、海に乗り出した。

こうしたスカンジナビアのバイキングたちが向かった先は、主にバルト海東部だった。しかしやがて、襲われる側だったバルト海東部の部族も、自らバイキングとなって、海を渡り、襲撃を開始する。その中心となったのは、現在のラトビア西部に住む部族とサーレマー島の部族だった。彼らバルト海東部のバイキングたちは、ゴットランド島やスウェーデン本土へ遠征したとされる。

バイキングは、このように襲撃し、略奪する「海賊」であったが、また、交易をする「商人」でもあった。エストニアで出版された『バルト地域――紛争と協力／過去から未来への道』[*1]という本の中で、バイキングは「戦士－交易商」と表現されているが、彼らは海を渡って交易を行い、交易がうまく成立しなかった場合は、襲い掛かって奪い取る、ということをしていたのではないだろうか。あるいはまた、部族によって、異なる行動をとっていたのかもしれない。「交易商」バイキングについていえば、その交易圏は遠方にまで及んでいた。たとえば、ゴットランド島の「交易商」バイキングは、ロシアと交易関係を築き、ロシア産の毛皮や蠟などの取引を行っていた。

交易先ないしは遠征先からバイキングが持ち帰ったのは、毛皮や蠟といったモノだけではなかった。海を渡った先で、彼らは現地の文化に触れ、それを故郷に持ち帰ることで、一種の文化交流をしていたともいわれている。そして、渡った先で定住し、やがていつしか現地の人々と一体化していったバイキングも少なくなかったという。

＊1　Ilo Publishers (ed.), *Baltic Region: Conflicts and Cooperation, Road from the Past to the Future*, Ilo Publishers, 2001.

バイキングによるバルト海域交易は、その後、終息し、代わって、中世の時代、ハンザ商人がバルト海域交易の主役の座を占めるようになる。このハンザ商人が台頭していく舞台の1つとなったのが、ゴットランド島であった。バルト海の航海ルート上、重要な位置にあるゴットランド島は、古くからバルト海域の交易拠点となっていた場所である。

T・K・デリー著の『スカンジナビアの歴史――ノルウェー、スウェーデン、デンマーク、フィンランド、アイスランド』[*2]に記されているように、当時、ゴットランド島で交易を行っていた島民は、「農民－交易商」であった。すなわち、普段はゴットランド島で農業をしながら、折々、ロシアなど遠方と交易を行っていたのである。一方、その頃、ロシア産の毛皮交易を目的に、ゴットランド島の西岸にやってきたドイツ人商人は、そこに自分たちの町を形成しつつあった。後に、ゴットランド島の中心都市となるヴィスビューである。

次第に台頭していくドイツ人商人と、地元ゴットランド島の「農民－交易商」の間に、争いが起きたのは当然の流れだったといえよう。両者の争いは、流血の事態にまで発展したことから、ザクセン大公ハインリヒ獅子公が調停に乗り出し、1161年、調停文書が取り交わされる。高橋理『ハンザ「同盟」の歴史――中世ヨーロッパの都市と商業』[*3]によると、この調停文書は、ハンザ都市として栄えることになる北ドイツのリューベックを訪れるゴットランド島民と、ゴットランド島を訪れるドイツ人商人の双方に、財貨・身体の法的保護を認めるなど、正常貿易の基礎を築いたとされる。

＊2　T.K. Derry, *A History of Scandinavia: Norway, Sweden, Denmark, Finland and Iceland*, George Allen & Unwin, 1979.

＊3　高橋理『ハンザ「同盟」の歴史――中世ヨーロッパの都市と商業』創元社、2013年。

こうしてバルト海域での交易活動の足場を築き、ハンザ商人の先駆け的存在として力をつけていったヴィスビューのドイツ人商人は、その後、ゴットランド島民が商館を設けていたロシアのノブゴロドに、自分たちの商館を建設し、ロシアとの交易を本格化させる。さらに、ヴィスビューには、町を取り囲む輪壁と呼ばれるリング状の石壁を建設し、ゴットランド島の「農民－交易商」が輪壁を通って町の中に持ち込む交易品に対して、「関税」を課した。ヴィスビューのドイツ人商人の攻勢の前に、ゴットランド島の「農民－交易商」による交易活動は、次第に押されていく。

だがやがて、ヴィスビューのドイツ人商人の繁栄も、リューベックを旗頭とするハンザ都市連合の台頭によって陰りを見せる。リューベックは、北ドイツの諸都市と歩調を合わせ、ヴィスビューのドイツ人商人に、ノブゴロド商館の司法権をヴィスビューとリューベックの共有とさせることを呑ませるなど、その特権を次々と奪い取った。こうしてバルト海域交易の主導権は、ヴィスビューのドイツ人商人から、リューベックを盟主とするハンザ都市連合へと移り、ゴットランド島も、バルト海域交易の一大拠点としての位置づけを失っていく。

ところで、ハンザ商人のバルト海域における貿易活動と裏表をなしていたのが、キリスト教の布教であった。ハンザ商人は自分たちの貿易活動を円滑に行うために、この地のキリスト教化を望み、いわゆる北方十字軍を支援したのである。

北方十字軍にとって「異教徒」である現地の人々は、自らの神を崇めていた。たとえば、リューゲン島では、神殿が建てられ、4つの頭を持つ神像が祀られていた。ちなみに、この神殿は、1168年に、すでにキリスト教化されていたデンマークの王ヴァルデマー1世によって破壊され、リューゲン島民は、デンマーク支配の下、キリスト教に改宗させられる。

ただし、バルト海東部のキリスト教化は、なかなか進まなかった。それが本格的に展開しだすのは、ラトビアのリガに布教拠点を築いたアルベルト司教が、1202年に帯剣騎士団を組織してからのことである。征服した土地の3分の1をもらえるという約束をアルベルト司教から得た帯剣騎士団は、次々と「異教徒」を打ち破り、改宗させていった。

彼らの勝利の決め手となったのは、その「戦略」であった。現地の部族が互いに敵対し、襲撃しあっていたという状況を利用し、打ち破って改宗させた部族を帯剣騎士団の兵力として取り込み、敵対する部族の攻撃にあてたのである。抵抗を続けていた現在のエストニア本土も、1224年にはついに陥落し、最後に残った「異教徒」の地がサーレマー島だった。

1227年冬、凍結したバルト海の氷上を渡り、進軍してきた帯剣騎士団は、サーレマー島への攻撃を開始する。帯剣騎士団は、凍結した海を進軍路として使うことができ、敵が森や湿原に隠れて待ち伏せすることのできない冬場に攻撃をかける作戦をとったのである。そして翌年の春、サーレマー島の部族も降伏し、キリスト教を受け入れる。帯剣騎士団は、バルト海地域「異教徒」のキリスト教化という目的を達成したのである。

だが、サーレマー島の人々は、その後も100年以上にわたって、帯剣騎士団、およびその後身であるリヴォニア騎士団に対し、たびたび反乱を起こした。特に、1343年に起きた反乱は、「聖ゲオルギの夜の反乱」と呼ばれるエストニア全土におよんだ反乱の一環として知られている。サーレマー島にあるリヴォニア騎士団の砦は包囲され、伝わるところによれば、降伏すれば剣は振るわないと武装島民たちから告げられた騎士たちはそれに応じた。その言葉は嘘ではなかったが、騎士たちは、降伏後、剣ではなく、石によって殴り殺されたという。この時の反乱は2年ほど続いたが、結局は成功せず、サーレマー島民は、リヴォニア騎士団に降伏使節を送り、忠誠を誓わざるをえなかった。そして、これがサーレマー島民にとって、100年以上にわたり続いた反乱の終焉となったのである。

2 スウェーデンからロシアへ

――バルト海域の覇者の下で

13、14世紀と、バルト海域で勢力を誇ったのは、ハンザ都市連合と騎士団だった。しかし、その勢力も、やがて衰えを見せ始める。1つには、イギリス、オランダの商人が台頭してきたからである。彼らは、その貿易活動で、ハンザ都市連合を脅かす存在となっていた。さらに、宗教改革の波が押し寄せ、騎士団も弱体化した。そこに、新たな勢力として伸長してきたのが、スウェーデンである。

スウェーデンは、デンマーク、ノルウェーと同君連合を形成していたが、1523年に連合を離脱し、独立した。以後、スウェーデンは、デンマークと敵対し、両者の間で幾度となく戦争が繰り広げられる。その上、スウェーデンは、ロシアのイワン雷帝がバルト海進出をめざし1558年に始めたリヴォニア戦争にも関わり、その間にヒーウマー島を征服した。そしてロシアの撤収で終わったリヴォニア戦争後、現在のエストニア本土、さらに後にラトビア中北部に当たる領域をそれぞれ手に入れる。またスウェーデンは、1618年から始まったカトリックとプロテスタントとの間の30年戦争に、後者の陣営として参戦する。

その一方で、スウェーデンは、宿敵デンマークとの戦いも断続的に行っていた。1645年にはデンマーク艦隊を破り、講和条約によって、デンマークからゴットランド島とサーレマー島を獲得する。ちなみに、デンマークは、1559年に、サーレマー島にあるエゼル＝ヴィーク司教区の領地を買い取っていたのである。

スウェーデンの領土獲得は、さらに続く。1648年に30年戦争が終わり、ウェストファリア条約が結ばれると、スウェーデンは、リューゲン島を獲得、そしてその10年後、デンマークを攻撃し、勝利を収めたスウェーデンは、講和条約によって、デンマークからボーンホルム島を獲得する。戦争に明け暮れたスウェーデンは、こうして広大な領土を獲得し、「バルト帝国」と呼ばれるようになった。バルト7島も、ここにすべてがスウェーデン領となったのである。ただし、その中で、ボーンホルム島だけが異なる道を歩む。

ボーンホルム島は、1658年にスウェーデン領になったが、島民は、スウェーデンによる統治に抵抗し、スウェーデン軍を島から追い出した。2年後、新たな講和条約が結ばれた際、ボーンホルム島は、金銭的賠償と引き換えに、再びデンマーク領になった。

島民自らが、自分たちが望む帰属先について意思表示し、動いた結果といえなくもない。

長年敵対してきたデンマーク、そしてピョートル大帝率いるロシアにとって、「バルト帝国」となったスウェーデンは、目障りな存在であった。これら2か国とポーランドは同盟を組み、1700年にスウェーデンとの間に大北方戦争が始まる。この戦争で敗北を喫したスウェーデンは、サーレマー島、ヒーウマー島、現在のエストニア本土、ラトビア中北部といった広大な領地をロシアに割譲しなければならなかった。さらにナポレオン戦争時代、ナポレオン側についたロシアとの戦いに敗れたスウェーデンは、1809年、フィンランドとその一部としてのオーランド諸島をロシアに割譲させられる。そして1814年には、デンマークからノルウェーを獲得した代わりに、スウェーデンは、リューゲン島をプロイセンに引き渡す。こうして領土を次々と手放していったスウェーデンは、「バルト帝国」としての地位を完全に喪失したのである。

かわって覇者となったのは、いわずもがなロシアであった。ロシアは、「ロシアという熊の前足」ともたとえられた最西端の領土オーランド諸島に、要塞の建設を始める。このボーマルスンド要塞は、あまりに巨大すぎて、なかなか完成に至らなかった。そして完成しないまま、クリミア戦争を迎える。

クリミア戦争というと、トルコが戦場だった印象が強いが、実は、バルト海も戦場になった。1854年、イギリス軍、フランス軍に包囲され、激しい砲撃にさらされたボーマルスンド要塞のロシア軍は降伏し、要塞は破壊される。戦争終了後、ロシアは、負けたにもかかわらず、引き続きオーランド諸島の領有を認められた。ただし、オーランド諸島を非武装化する、という条件が付けられた。注目されるのは、このオーランド諸島の非武装化を定め、イギリス、フランス、ロシアによって調印されたパリ条約では、ロシアに限らず、どこがオーランド諸島を領有しても非武装化を順守する、とされていた点である。これが、現在に至るオーランド諸島の非武装化の原点となる。

オーランド諸島同様、スウェーデン領からロシア領へとなったのは、サーレマー島とヒーウマー島であった。だが、両島の人々の暮らしは、領有国が変わっても、さほど変化しなかった。彼らの直接の支配者は、現地に住むドイツ人の地主貴族だったからである。

バルト海東部一帯に住むバルト・ドイツ人地主貴族と呼ばれるこうした人々は、おもにこの地に領地を得た騎士の末裔だった。スウェーデンの統治下でも、これらバルト・ドイツ人地主貴族は特権を与えられ、その地位を保った。その頃、現在のエストニア（以下、便宜上、エストニアと表記）では、疫病や大飢饉が発生し、困窮した多くの農民が農奴に身を落とした。スウェーデン本土では、農民は自由農民であり、統治者であるスウェーデンは、エストニアの農奴制を廃止しようと試みたが、バルト・ドイツ人地主貴族が反対し、成功しなかった。そしてロシアの統治下になっても、バルト・ドイツ人地主貴族は引き続き特権を維持し、ロシアから地方行政を委任されるなど重用された。志摩園子『物語バルト三国の歴史――エストニア、ラトヴィア、リトアニア』[*1]の中で言及

＊1　志摩園子『物語バルト三国の歴史――エストニア、ラトヴィア、リトアニア』中公新書、2004年。

されているように、大北方戦争の真の勝利者は、バルト・ドイツ人地主貴族だったといえる。

バルト・ドイツ人地主貴族を経済的に支える基盤の1つとなってきた農奴制は、しかしながら、1810年代に、ロシアのアレクサンドル1世がエストニアの農奴解放を行ったことで、終わりを告げる。これによって、サーレマー島やヒーウマー島も含め、農奴だったエストニアの人々は、自由農民の身となった。

だが、ことは簡単ではなかった。土地はすべてバルト・ドイツ人地主貴族の所有であり、農民は土地を持っていなかったからである。土地を所有するバルト・ドイツ人地主貴族は、長年、農奴として領地を耕し、農奴解放令によって自由を得た農民を合法的に領地から追い払うことができた。農民は、住み慣れた土地を追い払われたくなければ、たとえ不利な条件であっても、バルト・ドイツ人人地主貴族の小作とならざるをえなかったのである。

自由ということでいえば、同じロシア統治下のオーランド諸島の農民たちも、決して完全に自由な状況に置かれていたわけではなかった。彼ら農民は、自分たちが収穫した農産品や魚などを直接売ることを制限されていた。しかし、オーランド諸島の農民は、禁を犯してストックホルムやフィンランド、エストニアにまで船を走らせ、農産品や魚などを売りさばいた。ストックホルムやエストニアのタリンといった町では、燃料となる薪や塩漬けにしたニシンなどの魚を売って、帰りに穀物や日用品などを仕入れたといわれている。こうした活動は、「農民航海」と呼ばれ、その生活を支える重要な役割を果たした。

「農民航海」の経済的効果は、やがて徐々に認識されていく。「農民航海」に対する規制は次第に緩められ、1868年にはついに撤廃された。だが、その時には、「農民航海」は、あまり採算の取れないものになっていた。蒸気船の時代を迎え、大量輸送が可能になっていたからである。「農民航海」に代わって、オーランド諸島では、蒸気船による貨物輸送が盛んになり、それがオーランド諸島の主要産業となる海運業の基礎を築くことになる。

3 国民国家と世界大戦

——嵐の時代のバルト海域

20世紀に入り、バルト海域は、第1次世界大戦の荒波に見舞われる。さらに状況を複雑にしたのが、ロシア革命の勃発だった。1917年の2月革命によって、帝政ロシアは崩壊し、臨時政府が樹立された。臨時政府の下、ヒーウマー島とサーレマー島は、現在のエストニアの領域とほぼ重なる1つの行政単位の中に統合された。だが両島とも、ほどなくしてドイツ軍の侵攻にあい、占領されてしまう。

混乱は、ロシアでの10月革命の勃発によって、さらに深まる。革命によって新たに権力を握ったのはボリシェビキだったが、ドイツ軍の進撃を受け、エストニアから退却した。こうした状況の中、エストニアは、1918年2月に独立を宣言するが、ヒーウマー島、サーレマー島はもちろん、エストニア本土もほとんどがドイツ軍に押さえられ、独立といっても名のみのものにとどまった。

１９１８年11月、ドイツの降伏によって、第1次世界大戦は終結する。さらに、その後も続いたソビエト赤軍、ドイツ義勇軍との戦いを勝ち抜いて、エストニアが名実ともに独立を遂げたのは、１９２０年のことだった。ヒーウマー島とサーレマー島も、以後、独立国家エストニアの領土としての道を歩むことになる。

一方、同じロシア統治下のオーランド諸島は、ロシア革命勃発直後から、スウェーデンへの再統一をめざし動いていた。しかし、フィンランドが１９１７年末に独立を遂げたことによって、オーランド諸島のスウェーデンへの再統一は、先行き不透明になる。ロシア統治下で、フィンランドは、フィンランド自治公国を形成しており、オーランド諸島は、その一部として位置づけられていたからである。そして、フィンランドは、国会において、オーランド諸島自治法を採択する。

だが、オーランド諸島は、この自治法を拒否した。フィンランドは、それに対し、スウェーデンへの再統一を求める運動を率いたオーランド諸島民の指導者を反逆罪で投獄する。紛糾するオーランド諸島の帰属問題は、設立されたばかりの国際連盟に解決が委ねられた。

国際連盟の事務次長は、新渡戸稲造だった。新渡戸は、オーランド諸島帰属問題に対し、世にいう「新渡戸裁定」を示す。フィンランドにオーランド諸島領有を認めた上で、オーランド諸島民のスウェーデン語使用やスウェーデン文化保持を保護し、オーランド諸島の内政自治を保障すること義務付ける、というのが、その内容だった。さらに、オーランド諸島の非武装化と中立化を定める協定も、関係国の間で締結される。オーランド諸島は、フィンランド領となったが、内政自治権を有する独自の立場を獲得したのである。

こうして、バルト7島は、「本土」であるいずれかのバルト海沿岸国民国家の領土となった。だが、1939年9月、第2次世界大戦が始まり、バルト海域は、否応なくそこにのみ込まれていくことになる。直前にソ連と不可侵条約を結び、付属秘密議定書でバルト諸国をソ連の勢力圏とすることで合意していたドイツは、バルト諸国に居住するドイツ人に対し、帰還命令を出した。『エストニアの歴史』[*1]という本によれば、この帰還命令によって、エストニアからは、約1万4000人のバルト・ドイツ人が退去したとされる。中世以来、この地に居住してきたバルト・ドイツ人は、こうして姿を消したのである。

一方、ソ連は、エストニアに対し、圧力を加えた。まず、相互防衛条約をエストニアに結ばせ、エストニアに軍を駐留させたソ連は、サーレマー島の飛行場を軍事飛行場とした。この飛行場から、冬戦争と呼ばれるソ連との戦いを行っていたフィンランドに向け、爆撃機が飛び立っていく。さらに1940年、ソ連は、エストニアを併合し、「赤色テロ」と称されるエストニア人に対する虐殺やシベリアへの強制追放が行われる。だが、翌1941年6月、ドイツが不可侵条約を破り、7月にはエストニアに攻めこ

＊1　Tonu Tannberg, Ain Mäesalu et al., *History of Estonia*, A/S BIT, 2002.

んだことによって、状況は一転する。当初、エストニアの人々は、ドイツにソ連支配からの解放を期待したが、結局、ドイツもソ連と同じく「占領者」であることに変わりはなかった。

そして1944年9月、ソ連が再びエストニア本土を押さえ、状況はまたもや一転する。その直前、「赤色テロ」の再来を恐れた多くのエストニア人が国外へと逃れた。『西エストニアの島々』[*2]という本によると、エストニア全土から集まった数千の人々が、サーレマー島からドイツに向けて脱出したとされる。

ソ連軍の攻勢によって、エストニア領内に残ったドイツ軍占領地は、サーレマー島だけになった。サーレマー島では、約2か月にわたり、ドイツ軍とソ連軍の激しい戦闘が繰り広げられたが、特に激戦地となったのが、スルヴェ半島だった。スルヴェ半島での戦闘は、風景が一変するほど激しいものだったとされる。1944年11月、スルヴェ半島もソ連軍の手におち、エストニアはすべてこれでソ連軍の支配下となった。

サーレマー島と同じく、戦争によって被害を受けたのは、ボーンホルム島だった。ボーンホルム島に駐留するドイツの守備隊の司令官は、デンマーク本土のドイツ軍が英米軍に降伏したことから、ソ連ではなく、英米軍に投降するものと考え、ソ連からの降伏要求を拒否した。これに対し、ソ連軍は、ボーンホルム島の主だった2つの町に空爆を加え、破壊したのである。それは、まさにヨーロッパでの戦闘が終わったその日のことだった。

このように戦争はバルト海域の島々に大きな爪跡を残したが、リューゲン島には、奇

＊2 Urve Kirss, *Islands of Western Estonia*, Huma, 2002.

妙な戦争の置き土産が残された。ナチスが建設していた労働者向けの巨大なリゾート施設である。プローラという名のこの海浜リゾート施設の建設は、1936年に始まったが、1939年の第2次世界大戦勃発によって中断された。あとには、2万人を収容できる8000室のホテルといった巨大なコンクリートのビル群が未完成のまま残されたのである。

バルト海域を巻き込んだ第2次世界大戦は、1945年に終結した。オーランド諸島やゴットランド島、エーランド島は例外として、戦場となったバルト海域の島々は破壊され、大きな被害をこうむった。被害は多岐におよんだが、住民の国外脱出による人口減少といった形で、特異な人的被害に見舞われたのは、サーレマー島である。

先に、「赤色テロ」の再来を恐れ、国外脱出を図った多くのエストニア人がサーレマー島から船出したと述べたが、サーレマー島民自身も、この時期、数多く国外へと脱出した。エストニアが1991年に独立を回復した後、二度にわたって首相を務めたマルト・ラールは、その著『エストニアの道』[*3]の中で、これについて、「サーレマー島にはソ連が比較的長くいたため、エストニアの大半の県よりも、赤色テロにあった一人あたりの数は多かった」ということを記している。1941年にドイツ軍が侵攻した際、ソ連軍が退却間際までエストニア領内でとどまっていた場所の1つがサーレマー島であり、ソ連軍はそこで残虐な「赤色テロ」を繰り広げた。サーレマー島民には、その時の記憶が深く焼き付いていたということができよう。

＊3　Mart Laar, *Estonia's Way*, Pegasus, 2006.

ソ連の再占領から逃れようと、バルト海を渡ったサーレマー島民の航海は、命がけだった。彼らが航海に用いたのは、もっぱら漁船やトロール船、運搬船などであり、途中で難破することも珍しくなかった。また、サーレマー島に駐留するドイツ軍に発見される危険性も高かった。バルト海に漕ぎ出したサーレマー島民にとって、多くの場合、まず目指した最初の上陸地点が、ゴットランド島だった。ゴットランド島には、スウェーデン政府によって設けられた避難所があり、ゴットランド島にたどり着いた人々は、そこに収容された。そして、彼らは、スウェーデン国内での定住や、カナダやアメリカなどへの移住といった新たな生活へと、それぞれ踏み出していったのである。

4 冷戦、そして冷戦後とヨーロッパ統合の深化・拡大の中で

――バルト海域の新たな時代

第2次世界大戦は1945年に終結したが、バルト海域は、ほどなく新たな「戦争」に直面する。冷戦である。冷戦によって、バルト7島は、主に「本土」の立場に応じ、3つのグループに分かれることになった。「東」がサーレマー島、ヒーウマー島、リューゲン島、「西」がボーンホルム島、「中立」がオーランド諸島、ゴットランド島、エーランド島である。ただし「西」と「中立」についていえば、北欧地域では立場は違っても、「ノルディック・バランス」と呼ばれる均衡状態が保たれていたとされる。また、「中立」のうち、オーランド諸島は、以前に触れたように、「中立」の立場をとる「本土」フィンランドとは別個に、1921年に結ばれた国際条約によって「中立」であり、な

おかつ「非武装」であった。

冷戦下のバルト7島は、現実には、その多くが「東」と「西」が対峙するバルト海域の「国境の島」として位置づけられていた。「東」のサーレマー島、ヒーウマー島にはソ連の国境警備隊基地が、リューゲン島には東ドイツの海軍基地が、「西」のボーンホルム島には、「本土」デンマークが加盟する北大西洋条約機構（NATO）のレーダー基地が、「中立」のゴットランド島には、「武装中立」の立場をとる「本土」スウェーデンの海軍基地が、それぞれ置かれていた。当然のことながら、これらの場所への一般人の立ち入りは禁止されていた。そればかりか、島全体が、事実上、閉ざされていたといえるのが、サーレマー島とヒーウマー島である。

ソ連支配下の両島は、外国人はもちろんのこと、エストニア「本土」の人も、特別な許可がなければ入ることのできない場所であり、ソ連の国境警備隊による厳しい監視の下に置かれていた。マルト・ラールの『エストニアの道』によれば、第2次世界大戦終結の翌年、「西」に逃れたエストニア人たちが、ソ連支配に抵抗する運動を行っていた本国の地下組織との接触を図ろうと試みたことがあるという。その際、モーターボートでスウェーデンから密航し、上陸した場所がサーレマー島やヒーウマー島だった。だが、多くは、島に駐留する国境警備隊に見つかり拘束されてしまったとされる。

「入る」ばかりでなく、「出る」ことも、両島では、厳しく監視されていた。島民の「西」への脱出を阻止するため、海岸には鉄条網が張られて立ち入りが禁止され、島民所有のボートは、国境警備隊によって破壊された。『エストニアのバルト海島嶼――変化の中の周縁』[*1]という本の中で述べられているように、ソ連時代、島民は数世紀におよぶ海運と航海の伝統を失ったのである。

こうして、バルト海域は、冷戦時代、関係性を持って広がる「海域」としてのそれまでの姿を失っていく。

冷戦によって閉ざされ、分断されていたバルト海域は、やがて冷戦が終わりを告げることによって、開かれた海域としての姿をとりもどしていくことになる。1990年、東西ドイツ統一とともに、リューゲン島は、新たに設けられたメクレンブルク＝フォアポンメルン州の中の広域自治体の1つとして位置づけられることになった。同じ年に、サーレマー島とヒーウマー島も、エストニアの独立回復に先駆けて、それぞれ地方自治体の県として成立した（エストニアの独立回復は、1991年）。さらに翌1991年、ソ連が崩壊したことによって、「東」が消滅し、冷戦が終結した。

冷戦終結を受けて、サーレマー島とヒーウマー島に駐留していたソ連の国境警備隊が撤退したことをはじめ、バルト海域の「国境の島」にあった軍事基地も、大半が再編・縮小された。「東」と「西」が対峙していたバルト海域の状況は、大きく様変わりしたのである。

この冷戦終結によって、バルト7島の中で、いちばん大きな変化を経験したのは、なんといってもサーレマー島とヒーウマー島であろう。前出の『エストニアのバルト海島嶼——変化の中の周縁』の中で記されているが、冷戦終結後の10年間で、サーレマー島

＊1　Laura Assmuth and Aili Kalam (eds.), *The Baltic Sea Islands of Estonia: A Periphery in Transition*, Estonian Academy Publishers, 2001.

を訪れる訪問客の数は、10倍以上になったとされる。元々、サーレマー島は、1840年代から第2次世界大戦までは、泥スパが人気のリゾート地として知られていた。再び先の『エストニアのバルト海島嶼――変化の中の周縁』によれば、古い世代のフィンランド人にとって、サーレマー島は、子供の頃の夏の思い出を呼び起こす「サーレマー・ワルツ」という歌によって、「ロマンチックな島」として認識されているらしい。冷戦終結後、サーレマー島は、「本土」のエストニア人や、フィンランド人をはじめとする外国人観光客を多く迎え入れるリゾート地として、スパともども復活し、「スパレマー」という異名をとるようになる。

サーレマー島やヒーウマー島を自由に訪れることができるようになったのは、観光客ばかりではなかった。第2次世界大戦中に国外へ逃れた元島民やその子孫たちも、もう許可を取らずに、いつでも故郷を訪ね、島に残った親戚との再会を果たせるようになった。ヒーウマー島の場合、「元島民の子孫」として訪れた中には、1781年にロシアによって島から追放されたスウェーデン人住民の子孫もいた。彼らは、先祖がヒーウマー島を離れる際、最後の礼拝をしたと伝えられる「十字架の丘」と呼ばれる場所に、記念の石碑を建立した。冷戦時代という断絶を経て、バルト海域としての歴史が再びよみがえったことを実感させるできごとだったといえるだろう。

冷戦終結と並んで、バルト海域にさらなる変化をもたらしたのが、ヨーロッパ統合の深化・拡大であった。1993年にヨーロッパ連合（EU）が発足し、バルト7島の「本土」では、ドイツとデンマークが、1995年にはフィンランドとスウェーデンも加盟した。そして2004年には、エストニアもEU加盟を果たす。バルト7島は、これですべてEUの域内となったのである。

ただし、この中で、オーランド諸島だけは、状況が異なった。前述したように、オーランド諸島は、フィンランドに属するが、内政自治権を持ち、独自の政策を施行している。「本土」フィンランドがEUに加盟する際、オーランド諸島に関しては、別に議定書が結ばれ、その中でオーランド諸島のEUにおける特別な地位が保障された。

しかし、EUの中で特別な地位を保障されたオーランド諸島であっても、EUという大きな枠組みの中に、自分たちの島が位置づけられた、という点においては、バルト7島の他の島々と変わらないということができる。EUの枠組みの中で、バルト7島は、たとえば、若い世代を中心とした人口流失をいかに食い止めるか、あるいはまた、島独自の文化をどのように保持していくのか、といった共通する課題を抱えている。そうした共通の課題について、バルト7島が議論し、協力する場として立ち上げたのが、バルチック7という枠組みである。

バルチック7は、ベルリンの壁が崩壊し、冷戦終焉に至る様々な変化が起き始めた1989年に、リューゲン島をのぞくバルト6島によって結成された（リューゲン島は、1993年に参加）。EUの域内には、国境をまたいだ地方同士の協力枠組みが数多く存在しており、またバルト海沿岸地域には、環バルト海諸国評議会（CBSS）をはじめとする様々な協力枠組みが活動している。その中で、バルチック7は、5つの国に属するバルト海の7つの島による国境を越えた協力枠組みとして、EUやCBSSなどとも連携しながら、活動を展開してきた。このバルチック7に関しては、エピローグでまた改めて紹介することにしたい。

さて、それではいよいよバルト7島をめぐる旅に出かけてみることにしよう。

サーレマー島：Saaremaa

エストニア共和国

人口：約 31,000 人（2016 年）

面積：2,673 平方キロメートル

中心都市：クレサーレ

第Ⅱ部

サーレマー島——ネズの木の島

5 司教の城

バルト7島の中で、西の端に位置するのが、エストニア領のヒーウマー島、そしてサーレマー島である。サーレマー島は、エストニア第1の面積を持つ島であり、地方自治体の県として位置づけられている。

サーレマー島へは、エストニア本土のヴィルツ港からフェリーを利用し、まずサーレマー島の隣にあるムフ島に渡り、そこから海の浅瀬に盛り土をした道路であるコーズウェイを通って向かう場合が多い。

ヴィルツ港とムフ島を結ぶフェリーは、早朝から午後10時くらいまで、だいたい1時間に1本程度と、比較的頻繁に出ている。夏の観光シーズンでなければ、予約をしなくてもそのまますんなりフェリーに乗れるが、シーズン中は、予約は必至、フェリー乗り場には、長蛇の車の列ができる。ヴィルツ港とムフ島の間の海峡は、「大海峡」と呼ばれているが、フェリーの乗船時間は30分程度で、実はそれほど距離はない。晴れていれば、対岸の港に停泊しているフェリーがよく見えるほどである。ここに橋を架ける計画もあるという。

フェリーが着くムフ島は、サーレマー島、ヒーウマー島に次ぐ、エストニア第3の面積を持つ島である。だが、サーレマー島の「玄関マット」という不名誉な呼ばれ方をされているように、サーレマー島に向かうフェリーの乗客の大半は、ムフ島を通過地点として通り過ぎてしまう。ムフ島は、美しい刺繡工芸で知られ、見どころも多いのだが、ここは他の乗客に倣って、先を急ぐことにしよう。

ムフ島とサーレマー島との間の「小海峡」は、コーズウェイでつながれている。このコーズウェイは、1890年代に建設され、その後、作り直された。途中、今は使われなくなった古いコーズウェイが、並行して、一部、残っているのが見える。

コーズウェイを渡ると、いよいよサーレマー島である。サーレマー島には、島を代表する特産品の1つとして、ネズの木で作った木工品がある。ネズの木で作られた鍋敷きやバターナイフは、鼻を近づけると、ほのかにネズの木特有の清々しい香りがする。このネズの木は、また、サーレマー島に住む人々をいい表す時にも、しばしば引き合いに出される。頑固でタフ、である。

そんなネズの木の島、サーレマー島の中心地は、人口約1万5000人のクレサーレである。クレサーレのいちばんの見どころといえば、クレサーレ城をあげることができるだろう。クレサーレ城は、サーレマー島の中央部を支配していたエゼル＝ヴィーク司教が、14世紀後半に建設したものである。エゼル＝ヴィーク司教は、現在のエストニア本土西部の町ハープサルを本拠地とし、エストニア西部やヒーウマー島、サーレマー島に領地を有する領主でもあった。マルト・ラールが著した『エストニアの道』によると、エゼル＝ヴィーク司教は、14世紀後半から、クレサーレ城に居住するようになったとされる。

バルト諸国には、他にも中世の城が残っているが、クレサーレ城は、その中でもっともよく中世の原型をとどめた城といわれている。この城は、中世時代には、「鷲の城」と呼ばれていた。司教区の守護聖人が洗礼者ヨハネであり、その象徴が鷲だったからである。クレサーレの旧名であるドイツ語のアレンスブルグは、この「鷲の城」に由来する。

クレサーレ城は、町はずれの海辺にある、周囲を堀で囲まれた浮島の上に建っている。地図で見ると、浮島は、ちょうど函館の五稜郭の星形の角を、5つではなく4つにしたような形をしている。そして、浮島の外側の堀にも、さらに小さな浮島が3つ設けられている。星形要塞と呼ばれる形式のこの要塞部分は、城の建設よりも後の15世紀から17世紀にかけて建造された。

白鳥が泳ぐ堀にかかった橋を渡った先にある浮島の上の城には、右が

01 クレサーレ城内の博物館に展示されている城の模型。星形の要塞の形がよくわかる。

やや太め、左がやや細めのがっしりした方形の高い塔が2つ、それぞれ両端にそびえ立つ。さらに、城の建物入口で上を見上げると、これが落ちてきたら、二度とここから出られないのではないかと思わせるような、堅牢な柵扉が上の櫓からつりさげられている。

この城がこうして堅固に防備を固めていたのは、もちろん敵に備えるためだが、そのいちばんの敵として想定されていたのは、サーレマー島民だったといえる。サーレマー島は、帯剣騎士団によって1227年に制圧されたが、その後もたびたび、島民たちは反乱を起こした。とりわけ、1343年に起きた「聖ゲオルギの夜の反乱」では、サーレマー島東部にあった騎士団の砦が陥落し、騎士たちが殺害された。エゼル＝ヴィーク司教は、この事件を契機に、それまでの小さな砦を、より堅固で大きな要塞としての城に作り替えたのである。

現在、城の内部は、サーレマー島の歴史と自然をテーマにした博物館として公開されている。城の2階に上がると、チャペルといった施設とともに、エゼル＝ヴィーク司教が生活していた居住空間が残さ

02 堅固な守りのクレサーレ城入口。

れている。そのうちの1つの部屋に、ひっそりと付属するように、真っ暗な小さな空間がある。説明プレートによると、「司教のシェルター」だそうだ。敵に攻め込まれた時に、ここに避難して隠れるためのものだったのだろう。窓もない、この真っ暗な空間に息をひそめて隠れた司教は、その時、いったい何を思ったのだろうか。

堅固に防備されたエゼル＝ヴィーク司教の城は、だが、想定していたサーレマー島民とは異なる「敵」によって終わりを迎えることになる。「敵」の1つは、宗教改革である。1517年にルターによって始められた宗教改革は、早くも1520年代初めには、現在のエストニアに到達し、1520年代半ばまでには、ほとんどのエストニアの都市がルター派に改宗していた。農村部の封臣、すなわち封土を得て領主となった騎士たちも、1530年代までには、その大半がルター派に改宗した。領主が改宗すれば、その領地の農民たちも、それに従い改宗することが当然視されていたことから、ルター派の信者の数は増え続けていった。

宗教改革によって影響力の衰えた司教に、さらに追い打ちをかけるように現れたもう1つの「敵」が、イワン雷帝率いるロシアである。バルト海への出口を求めて、イワン雷帝は、1558年、エストニアに侵攻する。リヴォニア戦争の始まりである。

宗教改革による影響力の衰えに加え、互いに勢力争いを繰り広げていた司教や騎士団に、ロシアを撃退できるだけの力はもはやなかった。司教や騎士団、都市は、それぞれ他勢力に保護を求める。エゼル＝ヴィーク司教の場合、保護を求めた先は、デンマークだった。1559年、エゼル＝ヴィーク司教は、デンマークのフレゼリク2世に領地を売却し、ドイツに退去する。デンマークは、フレゼリク2世の弟マグヌスを司教として領地を治めさせていたが、1572年に司教領を廃止し、領地を直接統治下に置いた。エゼル＝ヴィーク司教領はなくなり、クレサーレ城も「司教の城」ではなくなったのである。

そして1583年、25年にわたって続いたリヴォニア戦争がようやく終結した。リヴォニア戦争中、エストニア本土の大半の城や要塞は破壊され、大きな被害を被った。そうした中で、クレサーレ城は、被害を免れた稀有な存在だった。「司教の城」はもはや司教のものではなくなっていたが、城そのものは、「司教の城」時代の姿を後世に伝えることになったのである。

6 騎士団との攻防

一般に、エストニア人は、「人見知り」といわれている。その中にあって、サーレマー島の人々は、やや例外とみなされているようだ。ネズの木のように「頑固でタフ」に加え、「物おじしない」のである。

それは、古くから、この島の人々がバルト海に漕ぎ出し、外界と接触してきたからなのかもしれない。10世紀から13世紀にかけて、サーレマー島と隣のムフ島は、エストニアの中で、もっとも人口密度の高かった場所だったとされている。人口圧力は、いわゆるバイキングが出現する1つの要因という説があるが、サーレマー島の人々も、12世紀後半には、デンマークやスウェーデンの沿岸に遠征し、荒らしまわった。

1187年、当時のスウェーデンの首都シグトューナは、「東の海からの異教徒」によって襲撃され、徹底的に破壊された。再建が困難なほど壊滅的な被害を受けたため、首都は、新たにストックホルムに建設されることになった。『バルト諸国の歴史』[*1]という本の中では、この「東の海からの異教徒」がサーレマー島の人々だったと記されている。

一方、サーレマー島の人々は、故郷では砦を築き、暮らしていた。つまり、当時の人々は、部族単位で生活しており、部族同士で抗争することはあっても、連帯して、「くに」のような、より大きな単位を構成するということはなかった。また、当時、サーレマー島の人々がどのような信仰を持っていたのか、詳細についてはわかっていない。おそらく、自然と深く結びついた、一種のアニミズム的なものだったと推測されている。

*1 Andres Kasekamp, *A History of the Baltic States*, Palgrave Macmillan, 2010.（翻訳書は、アンドレス・カセカンプ『バルト三国の歴史――エストニア・ラトヴィア・リトアニア 石器時代から現代まで』小森宏美・重松尚訳、明石書店、2014年。）

サーレマー島が大きな変化に直面するのは、13世紀初めのことである。いわゆる北方十字軍として、1208年に現在のエストニアに侵攻してきた帯剣騎士団は、エストニア各地で地元の部族と戦闘を繰り広げ、次第に征服地を拡大していった。前に記したように、部族同士で相争っていたという現地の状況を利用し、打ち負かし改宗させた部族を兵力として取り込み、敵対する部族の攻撃にあてるという、帯剣騎士団の戦略が功を奏したということができる。

こうして、戦略、戦力で勝る帯剣騎士団は、次々とエストニアの諸部族を制圧し、ついに1224年秋には、エストニア本土は、すべて帯剣騎士団の軍門に下った。そして、1227年1月、約2万人の帯剣騎士団は、凍結したバルト海を9日間かけて渡り、まずムフ島の攻略にかかる。ムフ島の部族は、帯剣騎士団に対し、和議を申し入れた。だが、次に攻略するサーレマー島のことを考えた帯剣騎士団は、これを拒否した。そして、砦に立てこもった、その数２５００人といわれるムフ島の部族を、戦闘の末、皆殺しにする。

この報に接したサーレマー島の人々は、戦わずして、帯剣騎士団に降伏した。これによって、ムフ島、およびサーレマー島の東部と北西部は帯剣騎士団の領地に、サーレマー島中央部はエゼル＝ヴィーク司教の領地になった。

だが、帯剣騎士団がサーレマー島に領地を持ってからが、頑固でタフなサーレマー島の人々と騎士団との本当の戦いの始まりだったといえるだろう。サーレマー島の人々は、帯剣騎士団がリヴォニア騎士団に統合されることになった１２３６年頃から、たびたび反乱を起こすようになる。そうした反乱の中で、最大の、そして最後の反乱となったのが、すでに何度か触れた「聖ゲオルギの夜の反乱」である。

１３４３年4月にエストニア本土で始まった反乱は、サーレマー島にも広がり、武装した人々は、島東部のプイデというところにあるリヴォニア騎士団の砦を取り囲んだ。これもすでに紹介したことだが、降伏したら剣は振るわないと告げられた騎士たちが、降伏して外へ出ると、石を手にした武装島民によって殺されたと伝えられている。

その舞台となったプイデには、今、聖マリア教会が建っている。この教会は、１３４５年に、リヴォニア騎士団によって反乱が最終的に鎮圧された後に建立された。反乱でリヴォニア騎士団のプイデ砦が陥落したことを契機に、エゼル＝ヴィーク司教がクレ

01 中世には、騎士団とサーレマー島民の抗争の舞台となり、ソ連時代には、コルホーズの馬小屋として使われた聖マリア教会。

サーレ城を堅固な要塞として作り替えたのと同じく、この聖マリア教会も、反乱によって破壊された元の砦を基に、要塞兼用の教会として建てられたものである。

サーレマー島最大の大きさを誇るこの教会は、まさに教会というよりも、砦というほうがふさわしい。遠くから見える教会の建物はどっしりした方形で、窓が少なく、うがたれている窓も、建物の大きさに比して、かなり小さい。だが、近くに寄ってみると、教会の建物は、相当傷んでいることがわかる。外壁には、素人目にもわかるほど、縦に長く大きな亀裂が走っている。中に入ると、塔の部分は、さらに痛ましいほどボロボロだ。1940年に落雷によって尖塔部分は失われ、現在は、塔の下の部分しか残っていないのだが、その内部の壁は、今にも崩れそうなほどもろくなっている。木の足場で支えられているが、長くとどまっていたら、危険だと思わせるほどである。

第2次世界大戦後、この教会は、集団農場コルホーズの馬小屋や穀物倉として使われていたそうだ。エストニアでは、ソ連時代にコルホーズの施設として使われた教会や、地主貴族の館であったマナーハウスが、無惨な姿となって各地に点在しているが、この聖マリア教会も、そうした1つということができよう。ただ、教会の聖堂部分は修復が行われており、祭壇のステンドグラスのまわりに断片的に残っている彩色壁画は、はっきり見て取ることができる。い

01

ずれ、塔の部分についても、修復が進められることになるのだろう。

聖マリア教会と同じように、「聖ゲオルギの夜の反乱」後に、リヴォニア騎士団の新たな拠点となる砦として建設されたのが、マアシリンという城である。マアリシンは、ドイツ語で「賠償の城」と呼ばれた。「聖ゲオルギの夜の反乱」でリヴォニア騎士団のプイデ砦を破壊したサーレマー島の人々が、「賠償」として、この城の建設に駆り出されたためだろう。

マアシリンが築かれたのは、聖マリア教会のあるプイデから北に上がった海辺の小高い丘の上である。周囲は、波の静かな入り江になっており、さまざまな鳥の鳴き声がする。入り江の中の蘆の浮州が、鳥たちの絶好の棲み家になっているようだ。

丘の上に上がると、隣のムフ島が手に取るように見える。ムフ島との間の「小海峡」を見下ろすこの場所は、要衝の地であったことがよくわかる。マアシリンを築いたリヴォニア騎士団は、親組織であるチュートン騎士団のあるプロイセンをはじめ、各国と商業的つながりを持っており、その点からも、「小海峡」からすぐにバルト海に出られるこの場所は、サーレマー島での拠点としてふさわしかったに違いない。

丘の上の覆い屋根の下には、城の遺構が広がっている。この遺構は、「サーレマー島のポンペイ」とも呼ばれたりするが、かなりの部分は石組みが崩れ、土がむき出しになっている。この城を築いたリヴォニア騎士団は、前章で記したエゼル＝ヴィーク司教同様、宗教改革とリヴォニア戦争によって弱体化した。そして、リヴォニア戦争中の1

561年、リヴォニア騎士団は、ルター派を受容し、世俗化することによって、ついに消滅する。マアシリンは、すでにサーレマー島のエゼル＝ヴィーク司教領を買い取っていたデンマークの手に落ちた。

1576年、スウェーデンと戦っていたデンマークは、フレゼリク2世の命により、敵に取られないよう、マアシリンを爆破する。城が破壊されているのは、そのためである。サーレマー島の人々との100年以上にわたった抗争のはてに、「賠償」として騎士団が建てさせたマアシリンは、騎士団が消滅した時に、すでにその命運は尽きていたのかもしれない。

02 「サーレマー島のポンペイ」と呼ばれるマアシリンの遺構。

7 島の自然

「道路の上には、車が2台」。これは、サーレマー島の道路事情について、Uさんに尋ねた時に、返ってきた答えである。Uさんは、サーレマー島北部の出身で、今は首都タリンに住み、サーレマー島の故郷にあるセカンドハウスとの間を行き来する生活を送っている。

Uさんの答えのように、クレサーレの町を離れると、ぐっと車が少なくなる。「車が2台」はおろか、前にも後ろにも車がおらず、道路の上には、自分の車1台だけという状況も珍しくない。その分だけ、サーレマー島には、人の手が入っていない自然が残されているといえるだろう。

そうしたサーレマー島の自然を感じさせる場所の1つが、クレサーレの北東約15キロの場所にあるカーリ・クレーターである。カーリ・クレーターは、何千年も前に、隕石が衝突してできたクレーターで、今は水が溜まって湖になっている。「カーリ湖を見ない者は、サーレマーを見たとはいえない」ともいわれるように、サーレマー島の名所になっている。

カーリ湖は、木々に囲まれたすり鉢状の湖で、湖面近くに降りられるように階段がついている。湖の直径は110メートル、水深は20メートルほどある。すり鉢の湖の上は、土産物屋やホテルなどが建ち、少々、観光地化しているが、木々を水面に映しながら林の中にぽっかりあいた湖の様子は、なかなか不思議な雰囲気を醸し出しているといえる。

エストニアの独立回復後、初代大統領を務めたレンナルト・メリは、作家でもあったが、このカーリ・クレーターについて、空から落ちてきた太陽という北欧神話を生み出すもととなり、古代には聖なる場所として巡礼地になっていたという説を述べている。フィンランドには、「燃えるサーレマー」という民謡があるそうだし、「太陽の墓場」カーリ・クレーターの近く

01 隕石の衝突によってできたカーリ・クレーター。

では、古代に神殿として機能していたと考えられる集落跡が発見されたそうだ。マルト・ラールの『エストニアの道』によると、カーリ・クレーターは、古代、主要な巡礼地の1つであり、エストニアがキリスト教化された後も、巡礼地であり続けたとされる。

サーレマー島の北部に、島の自然を感じさせる聖なる場所がもう1か所ある。石灰岩や白雲石、マール（泥灰岩）などが層になってできた高さ21メートルの崖が、約3キロにわたって続くパンガ断崖である。古生代のシルル紀に形成されたこうした段丘は、西は、スウェーデンのゴットランド島から、東は、ここサーレマー島のパンガ断崖まで延びている。サーレマー島の断崖の中では、パンガ断崖が、いちばん高い。

古代、聖なる場所とされてきたパンガ断崖のもっとも高い地点には、儀式を行っていた跡が見つかっている。ここでは、毎年、海の神への生け贄として、乙女が捧げられてきたと伝えられている。伝説によれば、ある時、生け贄として捧げられることになった乙女が絶望のあまり、この断崖から身を投げようとした。だが、父親に背後から抱き留められ、制止された。その翌日、近くで船が難破し、1人だけ生き残ったキリスト教の聖職者が生け贄の話を聞き、人間の代わりに小動物を生け贄にするよう、この地の人々を説得した。それ以来、生け贄の風習はやんだという。

パンガ断崖の一帯は、現在、公園のようにきれいに整備されている。だが、断崖のへりには柵がなく、一歩踏み出したら、強い風にあおられて、もろもろとした白い石灰石もろともに、海中に落ちてしまいそうである。断崖の高さは21メートルあり、バルト海には珍しく、ここの海水はきれいに澄んでおり、海の中まで見通せる。先述の『西エストニアの島々』によれば、近年では、新婚のカップルがここに来て、「生け贄」としてシャンパンを海に注ぐことがあるという。晴れていれば、このパンガ断崖から、北に位置するヒーウマー島のクプ灯台が見えることもあるそうだ。

サーレマー島の自然は、古代の人々にとって、聖なる場所として崇められてきたが、鳥や植物にとっては、今も聖なる場所であり続けているということができるだろう。サーレマー島北西部の沿岸と海域、周辺の小島や岩礁にかけて広がるヴィルサンディ国立公園は、サーレマー島でそうした鳥や植物の生息環境が大切に守られている場所である。国立公園の名前は、上記の島々の中で、いちばん大きな島であるヴィルサンディ島からつけられた。

ここは、渡り鳥にとって、中央ヨーロッパの避寒地と北極地域の繁殖地を結ぶルートの中ほどに位置し、またエストニアの他の場所に比べ、冬が穏やかで、雪が少なめのため、シーズンになると、ガンやカモ、時にはミサゴといった数百万の渡り鳥が飛来する場所として知られている。また、植物も豊富で、多くの希少種が繁茂している場所でもある。

このあたり一帯が国立公園に指定されたのは、エストニアの独立回復後の1993年のことであるが、その土台となったバード・サンクチュアリが設けられたのは、1920年代にさかのぼる。当時、ヴィルサンディ島で灯台守をしていたアルトゥル・トーム

は、自然を愛好するナチュラリストであり、鳥類の保護を唱え、職場である灯台に近い沖合の岩礁をバード・サンクチュアリとした。これは、この種の自然保護区としては、バルト諸国初めてのものであり、鳥類研究者や観光客などの関心を呼んだという。

クレサーレ城を訪れた時、中にある博物館の一角で、展示されているトームの写真を見つけた。娘と一緒に写っているもので、眼鏡をかけ、謹直そうな面もちをした人だった。「ネズの木の島」の人らしく、ヴィルサンディ島で灯台守をしながら、毎日、コツコツと丹念に鳥の観察を続けていたに違いない。

だが、やがて運命は暗転する。1940年、エストニアはソ連に併合され、翌1941年に、いわゆる「赤色テロ」と呼ばれるエストニア人に対する虐殺や、シベリアへの強制追放が始まった。トームも、その犠牲者の1人となった。1941年、彼は逮捕され、ソ連の収容所で処刑される。

ヴィルサンディ島は、定期船がなく交通不便なため、訪れるのはなかなか難しい。トームのバード・サンクチュアリとともに1920年代に自然保護区に指定されたハリライド半島のほうが、行くとすればアクセスしやすいだろう。この半島は、元々は、沖合いの小島だったが、砂の堆積によって、今は、サーレマー島と地続きになっている。

02 バルト諸国初のバード・サンクチュアリを設立したトーム。鳥を愛した人柄がしのばれる一枚。

ヴィルサンディ島と同じく、渡り鳥や植物の宝庫であるハリライド半島は、しかしながら、ソ連時代には射撃訓練場として使われ、一般人の立ち入りは禁止されていた。1994年にロシア軍がエストニアから撤退して、ようやくハリライド半島は立ち入りが解禁された。

サーレマー島の豊かな自然には、占領や戦争といった、この島のたどってきた過酷な歴史が刻まれているのである。

8 占領と戦争と

サーレマー島の空の玄関口は、クレサーレ郊外にある空港である。サーレマー島を訪れる人は、エストニア本土からフェリーを使う場合が多く、空港は閑散としている。かつて、この場所からは、多くの飛行機がフィンランドに向け、飛び立っていった。1939年、第2次世界大戦勃発の中で、中立の立場をとっていたエストニアは、ソ連の圧力により、ソ連軍の駐留を認める相互防衛条約を締結させられる。この条約に基づき、クレサーレの飛行場は、ソ連の軍事飛行場とされた。ソ連とフィンランドの間では冬戦争が始まっており、クレサーレの飛行場は、ソ連の爆撃機のフィンランド攻撃基地とされたのである。

こうして、サーレマー島は、戦争の渦に巻き込まれていく。翌1940年に、エストニアはソ連に併合され、ソ連による占領が始まった。そして1941年6月には、エストニア全土で、ソ連によるエストニア人のシベリアへの強制追放が実施され、サーレマー島からも、多くの住民がシベリアへ追放された。

だが、1回目の強制追放が実施された直後、ドイツがソ連に対する攻撃を開始し、ドイツとソ連との間で戦争が始まる。予想以上のドイツ軍の進軍の速さに、2回目のシベリアへの強制追放は、サーレマー島やヒーウマー島など、エストニア西部の島々に絞って行われ、これらの島々からは、1回目よりも多い人数がシベリアに送られた。

同年8月、ドイツ軍は、エストニア本土を制圧する。迫りくるドイツ軍の侵攻を前に、サーレマー島では、ソ連軍による残忍な「赤色テロ」が繰り広げられた。マルト・ラールの『エストニアの道』によると、逮捕された人々は、クレサーレ城内で拷問を受けた。本の中で詳述されているその凄惨な様子は、まさにおぞましいというほかない。これら90人にのぼる人々は、後に、クレサーレ城内で、遺体となって発見された。

クレサーレ城の城壁の一隅には、この1941年の「赤色テロ」による犠牲者を追悼する碑と展示スペースが設けられている。展示スペースには、レクイエムのような音楽が静かに流れ、壁一面に犠牲者の写真と名前が掲示されている。中には、写真のない人もおり、そこには十字架が描かれている。悲しみと怒りが混じ

01 クレサーレ城の城壁に設けられた1941年の「赤色テロ」犠牲者を追悼する碑。

り合った、重苦しい空間である。

１９４１年10月、サーレマー島は、ついにドイツ軍が掌握する。そして12月には、エストニア全土がドイツ軍の支配下となった。今度は、ドイツによる占領が始まったのである。エストニアの人々は、ドイツとソ連との間で揺れ動いた。ある人々は、ドイツに対し、ソ連支配からの解放とエストニアの独立回復の実現を期待し、別の人々は、ソ連を支持した。また、自らの意思に関係なく、ドイツあるいはソ連に兵力として動員された人々もいた。

１９４４年になると、ソ連軍の反撃が本格化する。多くのエストニア人は、ソ連軍による再占領、そして「赤色テロ」の再来を恐れ、国外への脱出を試みた。サーレマー島のクレサーレ郊外の港からは、エストニア本土から逃れてきた数千という人々が国外へ脱出した。

１９４１年の「赤色テロ」によって悲惨な経験をしたサーレマー島の多くの人々も、島へのソ連軍の侵攻を目前にして、国外への脱出を図った。サーレマー島の道路事情について教えてくれたUさんも、そうした１人である。サーレマー島北部出身のUさんは、5歳の時に、漁船に乗って、一家で島を脱出した。最初、スウェーデンを目指したものの、途中で嵐にあい、ドイツ船に救助され、ドイツに渡った。そしてドイツの難民キャンプを転々とした後、10歳の時、一家でアメリカに移住した。

サーレマー島を離れて50年後、Uさんは、１人、独立を回復したエストニアに戻ってきた。長く暮らしたアメリカでの生活を切り上げ、エストニアに戻ってきた理由を尋ねると、「エストニア人だから」という簡潔な答えが返ってきた。故郷サーレマー島にセカンドハウスを建て、そこでは自然を楽しみ、首都タリンの住まいでは、クラシック音楽のコンサートに行くのを楽しみに暮らしているUさんは、年齢を感じさせない強くて明るい女性である。まさに、「ネズの木の島」の人といえるだろう。

Uさんのように、ソ連軍の侵攻を前にサーレマー島から国外へ脱出した人々、そしてシベリアへ強制追放された人々や戦禍などによって、サーレマー島の人口は、激減した。1939年の6万人から、1945年には4万人まで減ったとされる。中世には、エストニアの中で、もっとも人口密度の高かったサーレマー島は、以降、人口減少に悩まされることになる。

話を第2次世界大戦にもどすことにしよう。1944年9月末、エストニアの本土は、ソ連軍によって制圧された。そして、サーレマー島に侵攻してきたソ連軍は、ドイツ軍との戦闘に臨む。2か月近くに及んだサーレマー島での戦いで、最後の戦闘の舞台となったのは、島南部のスルヴェ半島だった。

スルヴェ半島は、バルト海に突き出た長さ32キロの半島である。鶴首のように細長く、もっとも狭いところは、幅2キロほどしかない。そのスルヴェ半島の付け根にあるテフマルディという場所での戦闘は、サーレマー島で行われた戦闘の中で、もっとも悲惨なものといわれている。戦闘は夜間に行われ、真っ暗な中、ソ連軍とドイツ軍は、それぞ

02テフマルディの戦闘を記念して、ソ連時代に建立されたモニュメント。

れ手探り状態で戦った。この一晩の戦闘で、ソ連軍約200人、ドイツ軍約300人が戦死したとされる。さらに悲惨だったのは、この戦闘に従事したソ連軍の主力は、エストニア人によって構成されたライフル旅団であり、一方のドイツ軍にもエストニア人兵士がいたとされることから、エストニア人同士で敵味方に分かれ戦ったことである。

戦闘が行われたテフマルディには、ソ連時代の1967年に建てられた巨大なモニュメントがそびえたっている。剣の形をしているそうだが、見ようによっては、位牌のように見えなくもない。このモニュメントは、当然のことながら、ソ連軍のために建立されたものであり、入口に整然と並ぶ白い墓標も、ソ連軍兵士のものである。その中には、「ソ連軍兵士」として戦死したエストニア人のものも含まれている。訪れた時、墓標の1つ1つに、カーネーションの花がひっそりと供えられていた。

スルヴェ半島をさらに南下すると、半島の先端にあるサーレ灯台に行き当たる。黒と白で彩色された現在のサーレ灯台は、1960年に建てられたものである。その前にあった灯台は、1944年11月末、この先端まで攻め進んできたソ連軍によって爆破された。スルヴェ半島掌握によって、エストニアにおけるソ連軍とドイツ軍との戦闘は終結し、ソ連側からすればエストニアの解放が、エストニア側からしてみればソ連による新たな占領がもたらされたのである。

灯台のところで道路は終わり、あとは岬の先端にいたる砂利道が続く。途中、海に半分水没したソ連軍の軍事施設の残骸を横目で見ながら、砂利道を進んでいくと、岬はどんどん細くなり、両側から海が迫ってくる。先端の最後は、細い砂州のようになって、海中に没している。

かつてこの島で繰り広げられた激戦とそこで倒れた人々に思いをはせる時、波音しかしないこの静かな岬の小道は、まさにそれにふさわしい場所といえるだろう。

9 国境の島からリゾートの島へ

ソ連時代、サーレマー島は、ヒーウマー島とともに、「国境の島」として位置づけられていた。島のおよそ西半分の沿岸は、国境地帯として、国境警備隊の管理下に置かれた。岬には国境警備所が設けられ、海岸には鉄条網が張りめぐらされ、立ち入りが禁止された。

国境地帯に指定された沿岸部に住んでいた島民は、立ち退きを命じられた。あるいは、国境警備の妨げになる「反ソ分子」として、シベリアへ強制追放された。これによって、サーレマー島沿岸部では、戦争による被害や住民の国外脱出もあって、村が消滅してしまったところも少なくない。沿岸部を車で走ると、ぽつんぽつんと、今は石の土台だけがかろうじて残っている、そうしたかつての村の跡を見かけることができる。

沿岸部に留まることができた人々も、その行動は、国境警備隊によって監視された。

特に、国外に脱出するチャンスがある船員や漁民は、厳しい監視の対象だった。『ストップ！ 国境地帯！』[*1]と題された博物館の展覧会カタログによれば、船員の場合、船長と機関長は、違う国籍でなければならず、また漁民の場合は、少なくとも出漁4時間前までに、行き先と帰港時間を国境警備隊に届けなければならなかったという。さらに1960年代には、船1隻だけの航行は禁止され、少なくとも2隻がお互いに目視できる範囲で航行することとされた。

国境地帯に指定されていない場所でも、サーレマー島を島外から訪れるには、たとえエストニア人であっても、許可がいった。前記の本によれば、まず、島に住む友人や親戚が、訪問客がある旨を記した証明書を地元の警察から取得する。訪問客は、その証明書を自分の地元の警察に提出して許可書をもらい、本土からの船が着くムフ島の港にある国境警備隊の検問所で、許可書とパスポートを提示して、サーレマー島に渡る。サーレマー島に着いたら、世帯記録

＊1 Kulvi Kuusk and Maivi Karginen, *Stopp! Piiritsoon: Stop! Border Zone!*, Rannarahva Museum, 2013.

01 ソ連時代、国境地帯とされた沿岸部で、パトロールにあたる国境警備隊。(©National Archives of Estonia)

簿への登録を行い、出発の際にも世帯記録簿に記録を行った。

このように、ソ連時代、同じエストニア国内であっても、行くのにパスポートがいる「国境の島」だったサーレマー島は、まるで島全体が鉄条網で囲まれているかのようだったといってよいだろう。

だが、戦前、サーレマー島の中心地クレサーレは、遠方からの宿泊客を呼び集める、バルト海でも1、2を争うリゾート地だった。そのきっかけを作ったのは、「泥」である。

1840年代、クレサーレ郊外にあるいくつかの湖の泥が、医療的な効果があると報告された。クレサーレには、さっそく早くも、この泥を使った療法を施す泥風呂のスパがオープンする。泥スパ・リゾートとしてのクレサーレの名を一躍高めたのが、1850年代に、クリミア戦争で負傷したロシア兵がけがの療養のために送られてきてからのことである。1857年には、ラトビアの中心地リガとロシアのサンクトペテルブルクを結ぶ定期船の寄港が開始され、クレサーレは、泥スパを楽しむリゾート客で賑わうようになった。さらに、エストニア独立後、20世紀初めには、首都タリンやスウェーデンのストックホルムからの船便も設けられ、クレサーレは、泥スパ・リゾートとして栄える。

泥スパ・リゾートの時代をしのばせる建物が、クレサーレ城を取り囲む堀の前の公園の中に、カフェ・レストランとなって残っている。淡いクリーム色の木造2階建てで、端に見晴台のような塔を備えたしゃれた造りのこの建物は、当時、リゾート客が集うレストランとして使われていた。最盛期は、リゾート客の社交場として、さぞかし賑わったにちがいない。

こうしたサーレマー島の泥スパ・リゾートの繁栄は、第2次世界大戦の勃発、そしてソ連時代の到来とともに消滅する。しかしながら、そうした時期にあっても、リゾート地としてのサーレマー島のイメージを人々に与え続けてきた1つの歌があった。「サーレマー・ワルツ」である。

1949年に発表された「サーレマー・ワルツ」は、サーレマー島の美しい夏の自然を明るいメロディーにのせて、ノスタルジックに歌ったもので、多くの人々に愛された。特に、この歌は、エストニアばかりでなく、フィンランドでも大きな人気を呼んだ。それに一役買ったのが、この「サーレマー・ワルツ」を歌ったケオルク・オッツである。

エストニアの首都タリンのオペラ劇場でバリトン歌手として活躍したオッツは、エストニア人アーティストが海外公演をほとんど行えなかった1950年代から60年代にかけて、諸外国でも公演を行い、とりわけフィンランドで好評を博した。専門のオペラのみならず、エストニアの歌の紹介にも努めたオッツが、1950年代にレコード録音した歌の1つが「サーレマー・ワルツ」であり、フィンランドでヒットした。ちなみに、タリンとフィンランドの首都ヘルシンキを結ぶ客船は、ソ連時代から2000年まで、「ケオルク・オッツ号」と名づけられていた。

02「サーレマー・ワルツ」の入ったオッツのレコードのジャケット。

1960年、オッツは、「ソ連人民芸術家」という称号を得る。だがなんといっても、彼の功績は、ソ連時代に「国境の島」として閉ざされ、フィンランド人をはじめ外国人が訪れることができなかったサーレマー島を、「サーレマー・ワルツ」という歌にのせて、ノスタルジックな夏のリゾートというイメージとして伝達した、というところにあるのではないだろうか。

時を経て、サーレマー島は、1991年のエストニアの独立回復によって、再びリゾート地として復活を果たす。許可書とパスポートを携えなければ入島できなかった本土のエストニア人、実際には訪れることができず、「サーレマー・ワルツ」の中で歌われたサーレマー島のイメージに憧れてきたフィンランド人やスウェーデン人などの観光客が、独立回復後、「開放された」サーレマー島に、こぞってやってくるようになった。こうしたリゾート客目当てに、クレサーレの海岸沿いには、様々なスパ施設を備えた大型ホテルが建設され、サーレマー島は、別名「スパレマー」と呼ばれるようになる。また、ソ連時代、「国境の島」として閉ざされ、開発が遅れたことから、かえって豊かな自然が残り、観光資源となった。

だが、サーレマー島にとって、こうした状況を手放しで喜べるほど、ことは簡単ではないようだ。サーレマー県庁のJさんによると、サーレマー島の観光シーズンは、だいたい6月から8月ぐらいまでと短く、雇用拡大にはつながっていないそうである。特に、若い世代の雇用問題は深刻で、この世代を中心に、毎年、数百人規模で人口が流出、減少しているとのことだ。「仕事がないのです」と、Jさんは、半分あきらめたように、また半分苛ただしげに、いっていた。

戦中戦後のソ連による住民のシベリアへの強制追放や「赤色テロ」、ソ連軍侵攻を前にした住民の国外脱出、そして第2次世界大戦といった度重なるできごとによって、サーレマー島は、人口減少に見舞われてきた。エストニアの独立回復後も、いやむしろ独立回復によって、それまで「国境の島」として移動が制限されていたサーレマー島の人々が自由に本土へ、そして場合によっては、他のEU諸国へと移動することができるようになったため、サーレマー島では、人口減少がますます加速化しているということができる。

頑固でタフ、そして物怖じしない「ネズの木の島」サーレマー島の人々とこの島は、今後、どのような道を歩んでいくのか、気になるところである。

コラム 1

3度名前が変わった町

サーレマー島の中心地クレサーレは、中世の頃、アレンスブルグと呼ばれていた。これは、サーレマー島中央部を領地としていたエゼル＝ヴィーク司教が構えたクレサーレ城の別名「鷲の城」のドイツ語に由来する。この町が外部の支配者の統治下にあったことを、町の名前が物語っているといえよう。バルト7島でこうした事例は、他にも、ロシア帝政下にあったオーランド諸島で、時の皇帝アレクサンドル2世の妻マリアにちなんで名づけられたマリエハムンがあげられる（第15章参照）。

アレンスブルグは、その後、統治者がドイツの司教からデンマーク、スウェーデン、ロシアへと移り変わった。だが、統治者が変わっても、アレンスブルグという町の名は、そのまま使われ続けた。

1918年、アレンスブルグは、クレサーレという名前に正式に改められる。第1次世界大戦、ロシア革命という激動の中で、エストニアは、この年、独立を宣言していた。アレンスブルグという外部の支配者による統治時代の名前から、クレサーレというエストニア語名への変更は、エストニアが独立国となったことを端的に示すものだったといえるだろう。

そして、クレサーレは、ソ連によるエストニアの併合、第2次世界大戦のドイツによる占領、ソ連による再占領と、嵐の時代を経て、ソ連体制下の1952年に、今度はキンギセパと改名される。キンギセパとは、1888年にサーレマー島で生まれたヴィクトル・キンギセップにちなんだものである。ボリシェビキに加わり、1920年、当時、エストニアで非合法化されていた共産党の創設に携わるなど、エストニア・ボリシェビキの主要メンバーだったキンギセップは、1922年に首都タリンで処刑された。ようやく独立を成し遂げたエストニアの政権にとって、エストニア政府の転覆を図り、ソ連へ

３度名前が変わった、サーレマー島の中心地クレサーレ。

の併合を目指すキンギセップは、エストニアの独立を脅かす危険人物だったのである。

ところが、一転、戦後のソ連体制下で、キンギセップは、顕彰の対象となる。生まれ故郷のサーレマー島では、クレサーレがキンギセパに改名され、エストニアの他の町でも、「キンギセップ通り」が設けられた（また、クレサーレがキンギセパに改名されたと同じ年、ソ連・レニングラード州では、ヤムブルク市がキンギセップ市に改名された）。

この町が再び、つまり3度目に名前を変えるのは、1988年のことである。この時期、エストニアでは、「歌う革命」として知られる独立運動が勢いを増し、その動きの中で、キンギセパは、元のエストニア語名のクレサーレへと戻された。それは、エストニアが独立を回復する3年前のことだった。町の名前のほうが、一足先に外部の支配者の統治から脱していたといってよい。

ヒーウマー島：Hiiumaa

エストニア共和国
人口：約 9,300 人（2016 年）
面積：989 平方キロメートル
中心都市：カルドラ

第Ⅲ部

ヒーウマー島——白鳥の島

10

「1日の島」ダゲー

ヒーウマー島は、サーレマー島の北に位置し、サーレマー島と同じくエストニア領である。冬になり、気温が下がってバルト海が凍結すると、ヒーウマー島へは海上の氷結道路を通って、車でエストニア本土から渡ることもできる。

空路の場合、エストニアの首都タリンの空港から小さなプロペラ機に乗り、30分ほどでヒーウマー島に到着する。ヒーウマー島は、白鳥が羽を広げて飛ぶ姿に似た形をしているといわれているが、確かに上空から見ると、それらしくも見える平らな緑の島である。

ヒーウマー島は、島で1つの県をなしており、その県都というべき中心地が、空港からほど近いカルドラという町である。人口約3600人のこの町は、世界でも有数の大きくて保存状態が良いとされる、古生代の隕石が衝突してできたクレーターの中にある町だ。クレーターの直径は約4キロで、カルドラの町はその中にすっぽりおさまっていることになる。ただ、町の中を歩いても、クレーターの中を歩いているという感覚は、残念ながら、なかなかつかめない。

カルドラという町の名は、元々、「沼地の谷」を意味するスウェーデン語に由来するとされる。このことからもわかるように、カルドラに最初に住みついたのは、スウェーデン人だった。ちなみに、ヒーウマー島の旧名であるダゲーも、スウェーデン語である。ダゲーとは、「1日の島」、つまりスウェーデンから1日で来ることのできる島、という意味であり、スウェーデンとこの島との間に密接な関係があったことをしのばせる。

実際、ヒーウマー島は、1563年から1710年までスウェーデンの支配下にあった。ただし、すでに14世紀頃から、スウェーデン人はヒーウマー島に住んでいたらしい。『バルト諸国の歴史』によれば、13世紀後半、ヒーウマー島など、現在のエストニア北西部沿岸に領地を所有していたエゼル＝ヴィーク司教区が、人口の少ない自分の領地にスウェーデン人移住者を勧誘したという。ヒーウマー島に住みついたスウェーデン人も、これによって移住してきた人々だったのかもしれない。だが、現在、この島に、スウェーデン人住民の姿は、ほとんど見当たらない。

カルドラの町から空港とは反対の方向に少し行くと、「十字架の丘」と呼ばれる場所がある。「丘」といっても、ほとんど高低差はなく、道路から少し入った林の中に、大小さまざまな木の十字架が、無数、林立しているところである。ここは、ヒーウマー島

01 スウェーデン住民ゆかりの「十字架の丘」。

から姿を消したスウェーデン人住民ゆかりの地であり、現在では島の観光名所の1つとなっている。

　スウェーデン統治下のエストニアでは、エストニア人が農奴だったのに対し、ヒーウマー島などに住むスウェーデン人は、スウェーデン本土と同じく、自由農民だった。スウェーデンは、エストニアの農奴制を廃止しようと試みたが、結局は、うまくいかなかった。エストニアの統治者こそスウェーデンだったが、現地の実権は、主にこの地に定住するバルト・ドイツ人地主貴族と呼ばれる騎士の末裔たちの手に握られており、彼らが農奴制廃止に強硬に反対したからである。

　エストニアの支配者が大北方戦争で敗北したスウェーデンからロシアに変わった後も、こうしたバルト・ドイツ人地主貴族の勢力は維持され、農奴制も存続した。ヒーウマー島では、そうした状況の下で、地主貴族が、島のスウェーデン人住民を自由農民の身分から農奴にしようとして、スウェーデン人住民と争いになった。この問題に対し、時のロシアの女帝エカテリーナ2世は、17 81年、ヒーウマー島のスウェーデン人住民を島から追放し、ウクライナに移住させるという裁断を下す。何百年と住んできた島を去るにあたって、彼らが最後の礼拝をし、十字架を作って捧げたとされる場所が、この「十字架の丘」だった。

今、ここを初めて訪れる人は、この場所で見つけた自然の素材を用いて十字架を作り、捧げる慣わしになっている。ただし、先客たちの残した十字架の中には、どう見ても、あらかじめ作っておいて運んできたとしたしか思えない、立派な角材を用いたものなどがある。若干、興ざめしなくもない。

冷戦時代、この島は、隣のサーレマー島同様、特別に許可を得ないとエストニア人であっても入ることのできない「国境の島」だった。エストニアの独立回復にともない、こうした制限はなくなり、外国人でも自由に島を訪れることが可能になった。エストニアが1991年8月20日にソ連から独立を回復したまさにその日、「十字架の丘」を訪れたのは、ヒーウマー島から追放されたスウェーデン人住民の子孫たちだった。彼らの先祖が島を離れてから、その日は、ちょうど210年後にあたった。その時、建てられた記念の石碑が、「十字架の丘」にひっそりたたずんでいる。

ヒーウマー島から姿を消したスウェーデン人住民をしのぶ場所が、「十字架の丘」からさらに少し行ったところに、もう1か所ある。森の中に残されたスウェーデン人住民の元農場である。現在は、野外博物館として公開されている。

野外博物館といっても、管理人も含め、人影は誰も見当たらない。無人の森の中に、木造りの横長の家や物置小屋など、いくつかの建物が立ち並んでいる。中には、何人も入れるほど大きな小屋に、低い屋根をかけた伝統的な形式のサウナもある。

この農場のあるじ一家は、遠く離れた異郷の地に追放された。そして、その生活の営みの痕跡だけが、今、ここに静かに残されているのである。

二百数十年前、スウェーデン人住民がこの島から追放されたことによって、島とスウェーデンとの関係も薄れた。だが、今、ヒーウマー島とスウェーデンとの間には、新たな関係が進展している。

エストニアが独立を回復してから6年後の1997年、1人のスウェーデン人が友人とともにヒーウマー島を訪れた。彼は、エストニアでビジネスを始めようと考え、場所探しをしていた。たまたま友人がヒーウマー島に夏の別荘用の土地を持っていたことから、ある週末、何の気なしに島に来たのだった。翌朝、1人で散歩に出ると、機械が回っている音を耳にした。音のするところに近づいてみると、ある建物の一室で、1人の女性がプラスチックのスプーンを作っている。作業場がよく整頓され、きちんと仕事がなされていることを目にしたそのスウェーデン人は、ここでビジネスを始めようと決心した。

翌年、そのスウェーデン人によって、その名も「ダゲー・プラスト」という、プラスチック製造会社が、ヒーウマー島南部の町カイナで創業される。プラスチック製のゴミ

02 ダゲー・プラストの本社倉庫。

袋や、包装用ラップなどを製造し、その大半をスウェーデンをはじめ北欧諸国に輸出しているこの会社は、今では、ヒーウマー島の主要企業に成長した。カイナの町を訪れた際、主要工場の近くを通りかかったが、大きな倉庫の中で忙しげに製品を積み下ろしている様子が垣間見えた。

長い空白の時を経て、「１日の島」ダゲーの縁がよみがえった感がある。

11 閉ざされた島の「伝説」

白鳥が羽を広げて飛ぶ姿に似た形をしたヒーウマー島で、「羽」の片方にあたる場所が、タフクナ半島である。バルト海に向かって突き出したタフクナ半島は、フィンランド湾への「門柱」ともいわれ、地政学的に重要な場所とみなされてきた。

このタフクナ半島には、1939年、ソ連軍の沿岸防衛基地が建設された。当時、エストニアは、まだ独立国だったのだが、ソ連に圧力をかけられ、相互防衛条約を結ばされたのである。ソ連軍がこの島から撤退したのは、エストニアが独立を回復してから2年たった1993年のことであるから、50年強、ソ連軍はここに駐留していたことになる。

現在、基地跡は、戦争博物館という観光施設になっている。高々と無線アンテナがそびえる入口から入ると、庭には、ソ連軍の対空砲や軍用トラックなどが展示されている。

ソ連時代には、一般人が立ち入ることができなかったこの場所で、今は、観光に訪れたエストニア人の親子連れが、嬉々として、展示されている戦車の中を出たり入ったりしている。

建物内に入ると、砲弾や銃、ヘルメット、軍服、地図、写真など、さまざまなものが展示されている。ある一室には、壁一面に、ソ連軍のポスターが張られていた。中の一枚には、不審者を発見した際に、サーチライトで行く手を照らし、足を狙って銃を撃ち、拘束する、といった手順が、紙芝居の絵のように、描かれていた。

ヒーウマー島は、ソ連時代、「国境の島」として、エストニア人であっても、特別に許可をとらないと入島できない閉ざされた島だった。ソ連は、第2次世界大戦中に西側に逃れたエストニア人が、スパイとして、エストニア本土よりも上陸しやすい島を上陸地点として、エストニアに密入国することを警戒していた。現に、戦後直後、そうした人々

01 現在は戦争博物館となっているソ連軍の沿岸防衛基地跡。

が、ヒーウマー島でソ連軍に拘束されている。ソ連軍の監視下に置かれたこうした状況の閉ざされた島で、人々がうかつにものもいえなかったことは、想像に難くない。うかつにものもいえない状況は、「伝説」を作り出した。先に訪れた「十字架の丘」にまつわる「伝説」である。『西エストニアの島々』の中に、「十字架の丘」にまつわる、ある「伝説」が紹介されている。

それによれば、ソ連時代、ヒーウマー島の人々は、「十字架の丘」がロシアによって島から追放されたスウェーデン人住民をしのぶものだということは、決して口にしなかった。「ロシアによる追放」ということに言及して、自分たち自身がソ連によってシベリアへ追放されることを恐れたからである。

エストニアでは、ソ連による併合後の1941年と、第2次世界大戦後の1949年の2度にわたって、ソ連による住民の大規模なシベリアへの強制追放が行われた。特に、1941年7月の強制追放は、ヒーウマー島など、エストニア西部の島々だけを対象にして行われたため、エストニア本土の町よりも、ヒーウマー島のカルドラの町の方が、追放者の割合は、はるかに高かったとされる。

ある日、突然、荷物を短時間でまとめるよう命じられ、貨車に乗せられて、シベリアの収容所へ送られた人々を待っていたのは、苛酷な生活だった。多くの人々が、すでにそこに行くまでに、そしてそこに行ってから最初の冬を迎える間に、寒さや飢え、重労働によって命を落としたという。スターリン時代が終わると、大規模な強制追放こそ行われなくなったが、依然、何らかのとがめだてを受けて、住民が「シベリア送り」になる可能性はなくならなかった。

そこで、「十字架の丘」について、新たな「伝説」が生み出されることになる。その昔、2組の結婚式の行列が、この場所で行きあった。道が狭く、双方が譲ろうとしなかったため、しまいに乱闘になった。これによって、一方の花婿ともう一方の花嫁が殺されてしまった。それぞれ相手を失くした花婿と花嫁は結婚することにし、その後、2人は幸せに暮らした、というものである。「十字架の丘」は、殺された花婿と花嫁を悼むものということらしい。片方はスウェーデン人、もう片方はエストニア人だったというバリエーションもあるそうだが、ともかく、ソ連時代に「十字架の丘」の存在そのものを伝え残すためには、「ロシアによる追放」とはまったく異なる、こうした「伝説」を作り出す必要があったことは理解できる。

戦争博物館から、森の中に残されたソ連時代のトーチカをちらほらと見ながら、タフクナ半島をさらに北上すると、半島の先端にある灯台に行き当たる。白亜のタフクナ灯台である。ここにも、「伝説」が存在している。

時は、1941年夏のことである。ドイツが独ソ不可侵条約を破って侵攻し、エストニア本土もドイツ軍の手に落ちた。残るは、ヒーウマー島やサーレマー島といった、エストニア西部の島々である。

実は、ヒーウマー島やサーレマー島といったエストニア西部の島々は、第1次世界大戦の時に、エストニア本土よりも先に、バルト海を渡って上陸してきたドイツ軍の侵攻にあい、占領されていた。このことを覚えていたソ連は、ドイツが独ソ不可侵条約を破って攻め込んできた時の備えとして、エストニア西部の島々の防備を固めていた。特に、タフクナ半島は、バルト海を挟んで向かい側にあるフィンランドのハンコ岬とともに、フィンランド湾の「門柱」として、ドイツ軍の船舶をフィンランド湾に入れさせないという、重要な役割を担っていた。

しかし、ドイツ軍は、ソ連の予想に反して、海からではなく、陸から攻めてきた。フィンランド湾に設けられた「門柱」による封鎖のために、大型船がフィンランド湾に入れなかったということや、イギリス軍との戦闘のために、強力な海軍をバルト海東部に展開したくなかったのが理由とされている。

予想外の状況に、ソ連軍は退却を重ね、ついに1941年10月には、サーレマー島も陥落した。そして、サーレマー島から海を渡り、ヒーウマー島に侵攻してきたドイツ軍によって、カルドラの町も陥落する。ソ連軍は、タフクナ半島に退却し、いよいよ最後の戦闘となった。

タフクナ半島での戦闘は、3日間続き、ついにソ連軍はドイツ軍の前に敗れた。この時、最後に1人残ったソ連兵が、ドイツ軍に向けて銃を乱射しながら、灯台の頂上から身を投げた。ソ連軍は、この兵を英雄として顕彰した、というのだが、灯台から身を投

02 「ソ連兵英雄伝説」の舞台、タフクナ灯台。

げたソ連兵の話は、どうも「伝説」であるらしい。『エストニア1940-1945──人道に対する犯罪調査のためのエストニア国際委員会報告書』[*1]という本によれば、このタフクナ半島での戦闘で、ソ連軍は900人が捕虜になったとある。最後に1人残ったソ連兵というのは、フィクションであるようだ。

まるで映画の1シーンとして出てきそうなこの「伝説」の出所は、つまびらかではない。ただ、ソ連時代、閉ざされた島だったこの島で作られた「伝説」の1つであることは間違いないといえるだろう。

「伝説」を知ってか知らずか、観光シーズンになると、灯台の上は、眺めを楽しむ観光客でひときわにぎわう。

＊1 Toomas Hiio, Meelis Maripuu and Indrek Paaule (eds.), *Estonia 1940-1945: Report of the Estonian International Commission for the Investigation of Crimes Against Humanity*, Estonian Foundation for Investigating Crimes Against Humanity, 2006.

12 中世の灯台

ヒーウマー島で唯一の新聞を発行しているHさんに、島のおすすめ観光スポットを聞いてみた。即座に返ってきた答えは、「灯台めぐり」である。

ヒーウマー島には、3つの灯台がある。先に触れたタフクナ灯台、そしてクプ灯台とリストゥナ灯台である。クプ灯台とリストゥナ灯台は、白鳥が羽を広げて飛ぶ姿に似た形をしたヒーウマー島で、白鳥の頭の部分にあたるクプ半島にある。とりわけ、クプ灯台は、ヒーウマー島観光のハイライトとされている。

森の中の道を進み、クプ半島を少しばかり行ったところに灯台はある。灯台というと、どうしても白くて細長い円柱形のものを想像してしまうが、この灯台は、まったく違う。がっしりした石造りの方形で、下は袴をつけたような形状になっている。このクプ灯台は、バルト海で最初に設けられた灯台であり、継続的に稼働している灯台としては、世界で3番目に古いそうである。

クプ灯台には上ることができる。ただし、上はかなりスリルがあるところだ。回廊部分は、それなりの広さはあるのだが、雨水を溜ないための工夫なのか、床が外に向かって傾斜している。おまけに、床がつるつるで、見るからに滑りやすそうである。回廊のいちばん外側には、手すりを兼ねた柵が設けられているので、下に転落することはなさそうだが、数歩、歩いただけで、傾斜に沿って、するするとその柵のところまで滑り落ちそうな感じがする。

下から見た時、一般的にイメージする灯台の姿とはかなり異なる印象を与えるクプ灯台は、上から見ても、かなりイメージを覆す。上から見回すと、あたり一面、森の中で、海はかなり離れたところにある。灯台は海辺にあるものと思っていると、何やら狐につままれた思いがする。この灯台は、クプ半島の北側と南側の両方の海から、ほぼ等距離にある半島の真ん中に位置しているのである。

01 ユニークな形の灯台。

クプ灯台のある場所は、平らなヒーウマー島の中で、68メートルと、いちばん標高が高い。灯台なので、目立つように、標高の高いところを選んで建造されたのである。

　ヒーウマー島の周辺は、岩が多い海の難所であり、その昔、難破する船も少なくなかった。そうした状況に、1490年代、ハンザ都市連合の中から、ヒーウマー島に灯台を設置するよう求める声が上がる。当時、ヒーウマー島は、その約3分の1がリヴォニア騎士団領、残り約3分の2がエゼル＝ヴィーク司教区領だった。ハンザ都市連合に加盟するエストニア本土の都市タリンの市庁が、ヒーウマー島の灯台建設について、エゼル＝ヴィーク司教区と交渉を始めることになる。

　ここで、少し、当時の状況について触れておくことにしたい。マルト・ラール著の『エストニアの道』によると、中世時代、現在のエストニアとラトビアにあたる場所には、4つの勢力が存在していた。第1はリヴォニア騎士団、第2はリガ大司教、第3は町、第4は封臣である。以前、記したように、北方十字軍の立役者は、リヴォニア騎士団の前身である帯剣騎士団と、ラトビアの都市リガに布教拠点を築いたリガ大司教であった。エゼル＝ヴィーク司教は、第2の勢力としてあげられているリガ大司教の下に位置づけられており、エストニア本土西部の町ハープサルを本拠地として、エストニア西部やヒーウマー島の他に、サーレマー島にも領地を持つ領主でもあった。一方、タリンは、第3の勢力としてあげられている町（都市）であり、法によってその都市としての地位が定められ、行政は市庁によって行われていた。ハンザ都市であるタリンは、バルト海域における貿易の中継港として、繁栄を遂げていた。

１５００年、エゼル＝ヴィーク司教区とタリン市庁は、ヒーウマー島の灯台建設について協定を交わす。当時の灯台は、灯りをともして目印とするものではなく、海から見た時の指標となる建造物だった。そこで、建設場所に選ばれたのが、島でいちばん標高の高いクプ半島の丘だったのである。

灯台の建設工事は、１５０４年から始まる。だが、工事はなかなか進まなかった。建設作業を担うことになった島民が、賃金を前払いされないと工事現場に現れなかったからとされる。また、周辺で難破した船の積み荷によって生計を得ていた人々も島にはいたことから、そもそも灯台建設に対する島民の反応は、必ずしも好意的ではなかったともいわれている。さらに、追い打ちをかけるように、ペストも流行し、灯台建設工事はいっそう遅れた。

クプ灯台がようやく完成したのは、１５３１年のことである。バルト海で初の灯台となったクプ灯台は、司教区と都市という、中世の２つの勢力の合作によるものということができるだろう。

02 クプ灯台の上から見た景色。あたり一面、森が広がっている。

しかし、クプ灯台の完成から約30年後、時代は大きく変わっていく。1558年、ロシアのイワン雷帝がエストニアに攻め入り、リヴォニア戦争が始まった。宗教改革によるカトリック教会の弱体化と相まって、こうした状況に、エゼル＝ヴィーク司教は、1559年、ヒーウマー島ほか領地をデンマークに売り渡してしまう。エゼル＝ヴィーク司教は、もはや領主ではなくなり、領邦としての司教区もそれによって消滅した。

片や、クプ灯台建設のもう一方の主体であるハンザ都市タリンは、ロシアの侵攻を前に、スウェーデンに保護を求め、その保護下に置かれることになった。中世の勢力図は、こうして大きく様変わりしたのである。

クプ灯台の位置するヒーウマー島の旧エゼル＝ヴィーク司教区は、このようにデンマーク領となったが、それもつかの間だった。リヴォニア戦争が続いている一方で、1563年には、デンマークとスウェーデンとの間で、北方7年戦争と呼ばれる戦争が起き、その間に、ヒーウマー島はスウェーデンに占領されてしまう。以後、ヒーウマー島は、スウェーデンの支配下に置かれることになる。ところが、隣のサーレマー島は、デンマークが押さえ続け、北方7年戦争の講和条約でも、デンマーク領にとどまることが決まった。つまり、同じエゼル＝ヴィーク司教区の領地だった隣り合うヒーウマー島とサーレマー島は、別々の「国」に属することになったのである。「司教領」という中世的な区割りが過去のものとなり、かわって「国家」という区割りがバルト海域における主流となっていくことを物語るものだったといえるだろう。

だが、領有者は変わっても、クプ灯台は、変わらず、その役割を果たし続けた。17世紀半ばには、灯台の頂に薪を燃やして目印の灯りとするようになり、クプ灯台は、文字通り、灯りをともす「灯台」となった。灯りを絶やさないために、6人1組の寝ずの番が、一晩中、薪を燃やし続けたという。クプ灯台で消費される薪はかなりの量にのぼり、それによって、クプ半島の森は、ハゲ坊主になってしまったそうである。森に囲まれた現在の灯台の姿からは、想像しがたい光景である。

その後、クプ灯台の灯りは、薪からランプ、そして電灯へと変わった。そうした変遷の中で、灯台に灯りをともし続けてきたのは、ヒーウマー島の人々だった。中世に建立されたクプ灯台を、領有国がどこに変わろうとも守り続けたヒーウマー島の人々の姿は、クプ灯台そのものの姿と、どこか重なり合うような気がする。

13 島民気質

カルドラの町の土産物屋で、面白い石鹸を見つけた。中身は普通の石鹸なのだが、外箱に、ちょっと味のあるイラスト風の人物画が描かれている。いくつかバリエーションがあったので、とりあえず全部の種類を買ってみた。

後でゆっくり見てみると、それぞれヒーウマー島のさまざまな地区の人々の特徴を描いたイラストらしい。たとえば、黒い液体の入ったバケツを持つ男性のイラストは、先に訪れたクプ灯台のあるクプ地区の「タールを作る人」とされている。松林に恵まれたクプ半島では、品質の良いタールを作ることができ、クプ地区の人々は、そのタールを売ったり、穀物と交換したりしていたそうである。タールは、船や馬車、あるいは家の屋根の塗装に使われたという。

ヒーウマー島に限らず、一般的に、島では、その中でそれぞれの地区ごとの違いが、

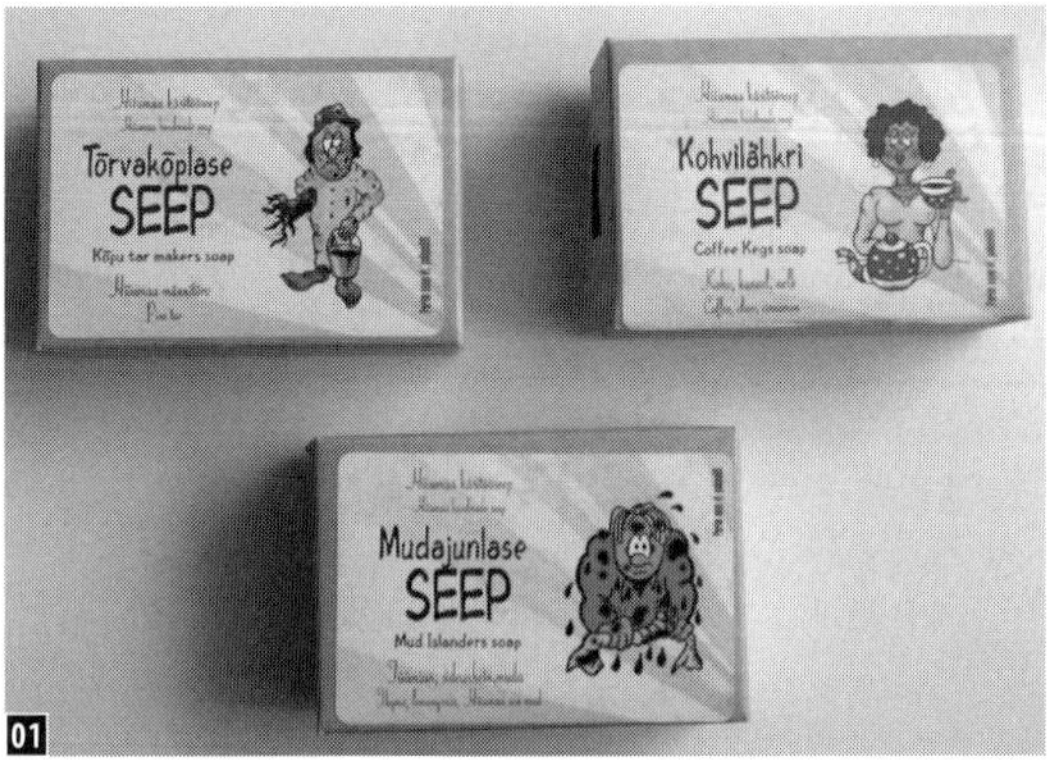

人々にとって、大きな意味を持つことが少なくない。件《くだん》の石鹸のイラストも、そのあたりのことを表しているものと思われた。

カルドラにあるカフェで、Rさんに、そうした島の中でのそれぞれの地区ごとの違いについて尋ねてみた。Rさんは、バルト7島による協力枠組みバルチック7の事務局長を務めた経験があるなど、島の内外で活発に活動している人である。Rさんによれば、ヒーウマー島は1つの県だが、さらにその下に5つの自治体が存在しており、石鹸のイラストに描かれているように、それぞれの地区ごとに特徴がある、とのことである。

ちなみに、Rさんの出身地区は、カルドラである。カルドラの人を描いた石鹸のイラストは、ドレスアップしてコーヒーカップを手にした女性であり、「コーヒー樽」とされている。これは、カルドラの人がコーヒー好きで、樽から水を飲むようにコーヒーを飲む、ということだそうだ。

カルドラの町から島を半周すると、エマステという地区にいたる。エマステ地区は、

01 ヒーウマー島の地区ごとの違いをユーモラスに描いた石鹸のパッケージ。

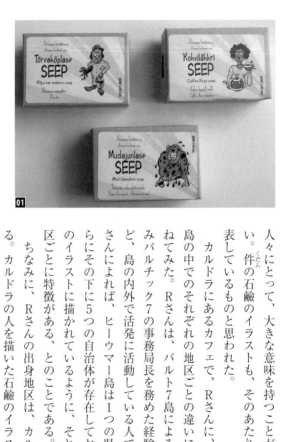

白鳥が羽を広げて飛ぶ姿に似たヒーウマー島の一方の「羽」の部分にあたる。その先端にあるスル港は、もう片方の「羽」にあたるタフクナ半島の先端にあるタフクナ灯台とは、ちょうど対極の場所に位置している。つまり、タフクナ灯台がヒーウマー島の北の先端、スル港が南の先端になる。

再び件の石鹸のイラストでは、エマステ地区の人は、ヒラメのような平たい魚を手に持つ男性の姿として描かれており、「水の島民」とされている。このあたりの人々は、漁師や船乗りが多く、また第2次世界大戦前は、船の建造にも携わっていたそうである。スル港には、その当時をしのばせる3本マストの古い木造船が、やや傾きながら、係留されている。この船は、1930年代後半にエマステ地区で建造され、第2次世界大戦末に、ドイツ兵を乗せて、ハンブルグに渡った。その後、あちこちを転々としたが、元所有者の1人が船を見つけ、1998年にデンマークからスル港に連れ戻した。今は、港の近くにある博物館の屋外展示物となっている。

だが、ソ連時代には、島民が船を建造することは禁止されていた。島民の「西」への脱出を阻止するためである。エマステ地区の船造りの伝統も、こうしていったんは途絶えたが、エストニアの独立回復後、船造りも再開された。「水の島民」の復活である。

復活といえば、隣のサーレマー島との関係についてもあてはまる。このスル港とサーレマー島との間は、6、7キロ程しか離れていない。しかし、ソ連時代、スル港とサーレマー島との間には、船便はなかった。エストニア独立回復後の1996年、スル港とサーレマー島との間にフェリー航路が設けられ、両島間の行き来ができるようになった。

スル港とサーレマー島との間のフェリー便は、それほど頻繁にはない。しかし、2つの島がフェリーで結ばれている、ということ自体に意味があるといえる。

ヒーウマー島とサーレマー島との関係は、よく兄弟にたとえられる。サーレマー島が兄、ヒーウマー島が弟である。この兄弟の島をめぐっては、ある伝説が伝わっている。その昔、ヒーウマー島には、レイケルという名の巨人が住んでいた。ヒーウマー島の名前の由来となったエストニア語の「ヒート」とは、「巨人」のことである。一方、サーレマー島には、やはり巨人であるレイケルの兄スール・トゥルが住んでいた。2人は、よく海を渡って行き来をしていたが、レイケルは、兄のために、2つの島の間に橋を架けようと考えた。レイケルとその息子たちは、石を積み上げ、サーレマー島との間に橋を架けようとしたが、橋はついに完成しなかった。

02 サーレマー島との間に橋を架けようとするレイケルと息子たちの像。(©Lembit Michelson)

その完成しなかった橋というのが、スル港から北上したカッサリという小さな島にある。島といっても、現在では、ヒーウマー島と2つの土手道によって結ばれ、陸続きになっている。そのカッサリ島の南端に、細長い砂州のような形をしたサーレ岬があり、岬の先端は海中に没している。これが、レイケルとその息子たちが残した未完の橋といわれている。

サーレ岬の付け根に当たる場所には、1990年代初めに作られたレイケルとその息子たちの像が置かれている。よく見ると、レイケルの像は肩に石を担ぎ、その石の上に息子らしき小さな人物が2人乗っている。どうやら息子たちは、父親が橋を架ける作業に、野次馬的についていっただけのようだ。橋が完成しなかったのは、そのせいなのかもしれない。

ただし、私も、レイケルの息子たちのことを笑えない。「未完の橋」を見ようと、サーレ岬の途中で車を止め、先端に向けて歩き出したのだが、晩夏の午後の日差しがきつく、途中で根を上げて引き返してしまったからである。「未完の橋」には、とうとうたどり着けなかった。

未完の橋が象徴しているわけではないが、ヒーウマー島とサーレマー島は、兄弟島とされながらも、必ずしも交流が密であったとはいえない。1つには、以前触れたように、16世紀に起きた北方7年戦争の折に、ヒーウマー島はスウェーデンの支配下に置かれたのに対し、サーレマー島はデンマーク領にとどめ置かれたことが影響しているとされる。以来、ヒーウマー島の人々は、隣のサーレマー島よりも、エストニア本土西岸や、首都タリンの方を向いてきたといわれた。

さらに、ソ連時代、2つの島は、「国境の島」として、ソ連の国境警備隊の厳しい監視下に置かれ、入島には特別の許可がいったため、交流など望むべくもない状況にあった。だが冷戦終結に向けて状況が動きだした1989年、ヒーウマー島とサーレマー島は、バルト海域のほかの4つの島とともに、協力枠組みバルチック7設立に参加する。また1990年には、エストニアの独立回復に先駆け、ヒーウマー島とサーレマー島は、それぞれ地方自治体の県となった。そしてエストニア独立回復後の1992年には、エストニアの島々の発展と持続可能な人口の促進を目的とした、全国規模の非営利法人（NPO）が設立される。こうした枠組みを通じて、2つの島の交流は、本格化することになる。

先に触れたスル港とサーレマー島の間のフェリー航路開設も、このような両島間の交流を物語るものの1つということができるだろう。サーレマー島のスール・トゥルとヒーウマー島のレイケルの兄弟が、肩を組んで、仲良くフェリーに乗っている、そんなイラストの石鹸がそのうち登場するのでは、などと想像してみた。

14 ドイツとの縁

ヒーウマー島の県都カルドラから、ほぼまっすぐ島を南下したところに、ヒーウマー島第2の町カイナがある。そのカイナの町の真ん中に、教会がある。正確には、教会があった、といったほうがいい。今は、大きな外壁が残るのみの廃墟となっているからである。

外壁の内から、上を見上げると、青空が見える。教会の天井部分は、すっぽりと抜け落ちている。創建は13世紀にさかのぼるというこの教会は、かつて、ヒーウマー島でいちばん大きい教会だった。地元の漁師は、この教会を海上から目印にしたと伝えられている。

教会が廃墟となったのは、1941年のことである。当時、エストニアはソ連に併合され、ヒーウマー島にもソ連軍の軍事基地が設けられていた。だが、この年の夏、ドイツが独ソ不可侵条約を破って、エストニアにも侵攻してきた。そして秋には、ヒーウマー島やサーレマー島など、西部の島々にも戦火が迫る。そうした中、ドイツ軍の爆撃機が落とした焼夷弾が天井を突き破り、カイナの教会は焼け落ちた。

元々、この教会の創建に関わったエゼル＝ヴィーク司教区は、前に記したように、ラトビアのリガ大司教の下に置かれていた。リガ大司教をはじめ、こうした司教たちは、ドイツから来た人々だった。すなわち、ドイツ人が創建した教会を、はるか時を経て、ドイツ人が破壊したことになる。

ドイツ軍の爆撃によってカイナの教会で灰燼に帰した中に、オルガンがあった。近くに住む、オルガンの製造や調律なども手掛けていた教会庶務係が製作したものである。その息子のルドルフ・トビアスは、音楽の才能があった。6、7歳でピアノを弾き、9歳の時には、作曲をしたという。後に、トビアスは、エストニア人で初の本格的作曲家となる。

そのトビアスの生家が、記念博物館となって残されている。質素な木造の家で、彼の父親が自ら作ったものだそうだ。トビアスは、この家で1873年に生まれ、12歳まで過ごした。その後、タリンの学校で音楽を学び、20歳の時に、ロシアのサンクトペテルブルグ音楽院に入学する。音楽院でトビアスに作曲を指導したのは、リムスキー＝コルサコフだった。

音楽院を卒業した後、トビアスは、エストニア第2の都市タルトゥで暮らしながら、

作曲を続けた。だが、生活は楽ではなかったらしい。学校の音楽教師やピアノの個人レッスンなどを掛け持ちしながら、暮らしを立てた。さらにトビアスを悩ませたのが、音楽環境だった。彼が作った交響曲を演奏しようにも、当時のエストニアには、規模の大きなオーケストラはなく、また演奏技術も不足していた。

そこで、トビアスは、西欧へと向かう。落ち着いた先は、ベルリンだった。ベルリン王室音楽アカデミーに非常勤の職を得たのは、１９１２年のことである。そして、１９１４年、トビアスは、音楽アカデミーの常勤の教授となる。ただし、そのために、ドイツの市民権を得なければならなかった。だが、トビアスに時間は残されていなかった。その4年後、トビアスは、45歳の若さで亡くなる。遺骸はベルリンに埋葬された。

02 お札になったトビアス。この紙幣は、エストニアの独立回復後、ユーロ導入まで使われた。

トビアスの作った曲の多くは、ソ連時代のエストニアでは、「宗教的」という理由で演奏されることがなかった。しかし、エストニアの独立回復後、トビアスは復権する。曲が演奏されるようになったばかりか、独立回復後に導入された通貨エストニア・クローンの50クローン紙幣の「顔」となったのである。遺骸も、独立回復後に、ベルリンからエストニアにある家族の墓地に改葬された。実に、70余年ぶりのドイツからの「帰還」である。

ただ、50クローン紙幣は、2011年にエストニアがユーロを導入したことによって、姿を消し、トビアスの顔も日常生活では見る機会がなくなった。しかし、彼の曲は、演奏し続けられている。またヒーウマー島では、青少年を対象とした彼の名を冠したピアノ・コンテストが開催され、バルト7島の協力枠組みバルチック7による人的交流の一環として、バルト海の島々からも子供たちが参加している。トビアスはドイツに新天地を求めたが、現在、故郷のヒーウマー島では、彼がこの島を離れた年頃の子供たちが、バルト海の島々から集まって、ピアノ演奏を披露するようになったのである。

ヒーウマー島でドイツとの縁が感じられる場所は、他にもある。カイナの東にあるスーレムイサという名のマナーハウスも、そうした1つである。マナーハウスとは、エストニアやラトビア一帯に点在する、バルト・ドイツ人地主貴族のかつての館である。

並木道を抜けた先にある、このマナーハウスは、白い壁に濃いオレンジ色の屋根を戴く大きな建物である。現在は、職業学校として使われている。

学校なので、見学には注意が必要だ。たまたま訪れた時は夏休み中で、建物は静まりかえっていた。中には人影がない。左右から優雅な曲線を描いて2階にいたる木の階段をのぼり、上へ行ってみた。上がって数室先に、机に向かって仕事をしている男性がいた。後で考えたら、この学校の校長先生だったらしい。内部を見学したいのだが、と切り出すと、仕事の手を休めて、親切に案内してくれた。いにしえの貴族の館の雰囲気あ

02 現在は学校として使われているヒーウマー島のマナーハウス。

る部屋に、今はパソコンが並んでいる。

この館が建てられたのは、エストニアがロシア帝政の支配下にあった18世紀半ばのことである。建設から約40年後、借金を抱えた主が、館をバルト・ドイツ人地主貴族に売り渡す。館の新たな主となったオットー・R・L・フォン・ウンゲルン＝シュテルンベルグ男爵は、やり手の領主であったが、同時に「海賊」とも噂されていた。男爵は、難破した船を救助する仕事にも携わっていたが、偽物の灯台を設けて船を欺き、難破するよう仕向けていたのである。当時、救助者は難破船の積み荷の一部を自分のものとすることができたが、男爵は、すべて横取りしたとされる。男爵がこうして蓄えた「お宝」は、屋根裏の二重天井に隠されていたと伝えられている。

だが1802年、男爵は、この館で、ある船長と口論になり、あげくの果て、殺してしまう。裁判にかけられた男爵は、シベリアでの重労働の刑に処せられた。結局、彼は、そこで1811年に亡くなる。館には、その後も、男爵の子孫が住み続けたが、エストニアが独立すると、土地改革によって、地主貴族の領地は国有化され、バルト・ドイツ人地主貴族のマナーハウスも終焉を迎える。

エストニアのバルト・ドイツ人地主貴族のマナーハウスの中には、破壊されてしまったものや廃墟になってしまったものも少なくない。そうした中で、この館は、よく保存されているほうだが、それでも、ところどころ傷みが見受けられる。内部を案内してくれた校長先生と思われる人が、最後に遠慮深げに募金箱を取り出し、修復のための寄付をしてもらえないだろうかと尋ねた。ここは、現役の学校の校舎であるとともに、エストニアの貴重な文化遺産として保存されているのである。

コラム 2

サマー・ピープル

ヒーウマー島で島おこしに活躍するRさんに久しぶりに会った際、「今、サマー・ピープルについて調査を行っているところ」と告げられた。サマー・ピープルとは、普段は首都タリンなど大きな町に住んでいて、夏や週末だけ島の別荘にやってくる人々のことを指す。日本でいえば、「別荘族」であろうか。

確かに、日曜にヒーウマー島から本土へ渡るフェリーは、サマー・ピープルらしき人々でにぎわい、時には事前に予約をしておかないと、目当てのフェリーに乗れないこともある。こうした人々は、本土に着くと、車を猛スピードで走らせ、タリンの方向へ去っていく。明日からまた仕事なのだろう。

Rさんの調査は、まだ進行中のため、サマー・ピープルが島の経済にどれだけ貢献しているのかと

ヒーウマー島からエストニア本土へ向け出航準備中のフェリー。夏や週末は、サマー・ピープルで混みあう。

いった点については結果が出ていないとのことだったが、いくつか興味深い話を聞かせてくれた。たとえば、サマー・ピープルと島の住民との関係である。

あるサマー・ピープルたちが島に溶け込もうと、地域活動を行うNPOを立ち上げた。当初は、島の住民たちもメンバーに加わり、活動を続けていたのだが、そのうち島の住民たちは抜けてしまった。理由は、「会費が高かったから」である。「都会の人にとってはさほどでもなくても、島の人間にとっては結構するのよ」と、Rさんはいっていた。サマー・ピープルが島に溶け込むのは、必ずしも簡単ではなさそうだ。

実は、このサマー・ピープルと呼ばれる人々は、バルト7島の他の島々にも存在する。ゴットランド県庁に勤めるAさんによると、ゴットランド島の場合、サマー・ピープルとして島に別荘を持ち、通っていた人々が、定年退職後、島に移り住むケースが多いとのことだ。ただ、ゴットランド島では、教会の教区が活発に機能していることから、元サマー・ピープルも、比較的、島に溶け込みやすいという（第21章参照）。問題は、こうした人々が定年退職者であることから、高齢者人口が増えてしまうということだ。他の島々と同じく、若い世代の人口流出が続く一方、ゴットランド島では、元サマー・ピープルの高齢者人口の流入が、それをある程度、穴埋めする形になっているとAさんは話す。それによって、島の人口が大幅に減少するという事態にはいたっていないのだが、やはり島では若い活力が欲しい。サマー・ピープルをめぐる島の人々の心情は、なかなか複雑なようだ。

さて、ヒーウマー島のRさんによるサマー・ピープルについての調査は、どのような結果になったのだろうか。

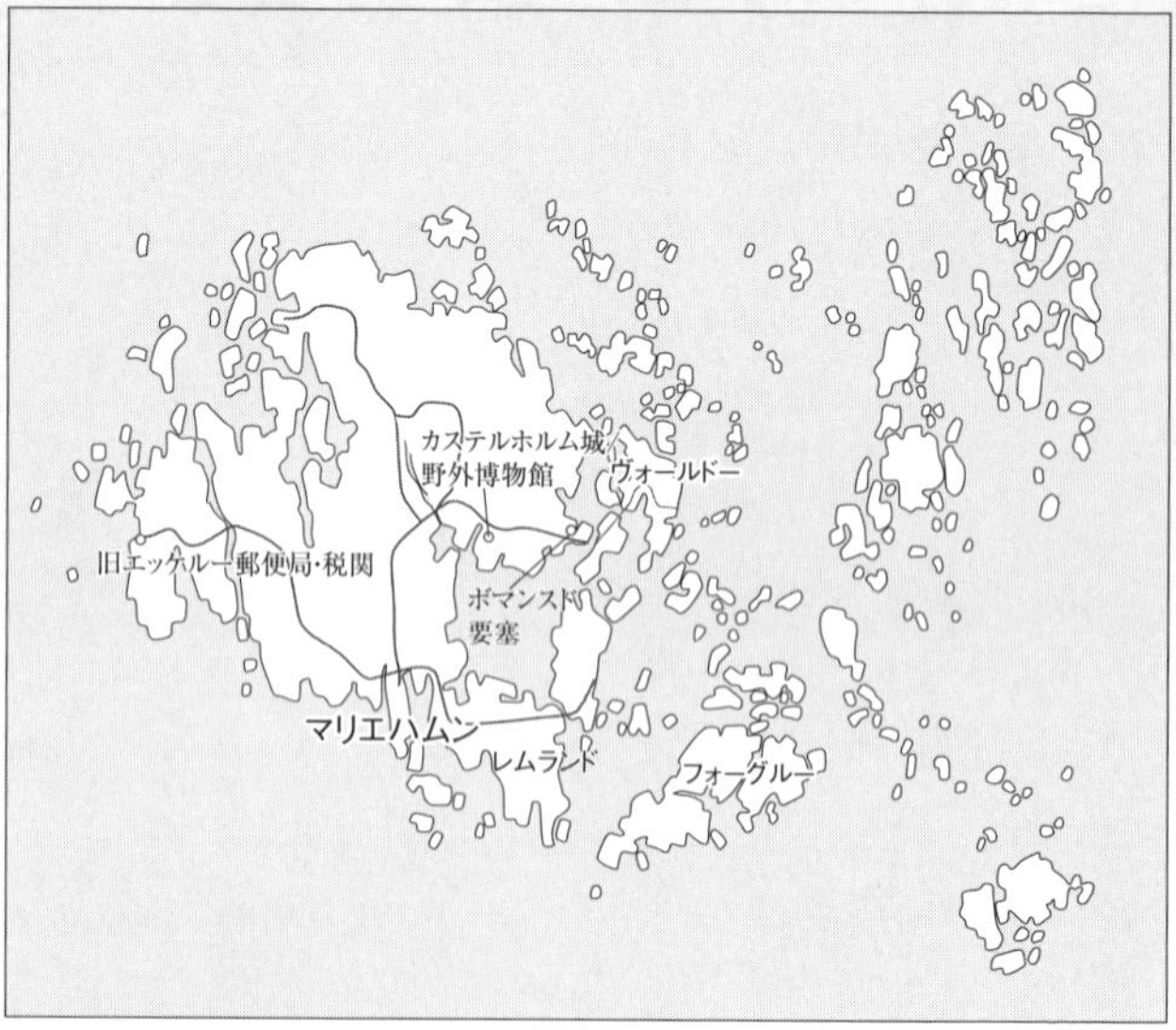

オーランド諸島：
Landskapet Åland / Ahvenanmaan maakunta
フィンランド共和国自治領
人口：約 29,000 人（2016 年）
面積：13,517 平方キロメートル
主都：マリエハムン

第Ⅳ部

オーランド諸島――架け橋の群島

15 船とともに歩んできた島々

オーランド諸島は、バルト海が北に入り込むボスニア湾の入口に、あたかも鎖のように連なった約6700の島々からなる「群島」である。オーランド諸島に渡るには、通常、フィンランド、あるいはスウェーデンから、フェリーや航空機を利用することになる。

オーランド諸島は、バルト7島の中で、他の島と異なり、地方自治体ではなく、内政自治権を持った自治領という地位にある。フィンランド領ではあるが、住民の90%以上がスウェーデン語を母語とし、公用語もスウェーデン語である。

オーランド諸島の「首都」マリエハムンは、本島に位置している。約1万1000人の人々が暮らすこの町は、オーランド諸島がロシア帝政の支配下にあった1861年に、ロシアのアレクサンドル2世によって建設された。マリエハムンという町の名は、アレクサンドル2世の妻マリア皇后にちなむ。町は、細長い半島の上に作られている。その半島を横切るように、町の中心に大きな木の並木が続く緑地帯がある。端から端まで歩いて20分程、いうまでもなく、町の両端は海である。

その端の一方には港があり、そこに1隻の帆船が係留されている。そばにある海洋博物館の付属施設で、ポンメルン号という。この船は、1903年にイギリスで建造され、1920年代に、マリエハムンの船主に買い取られた。もっぱら、オーストラリアからイギリスへ小麦を運搬するために使われたそうである。この船主は、ポンメルン号のほかにも、蒸気船に比べてすでに時代遅れとみなされていた多くの帆船を安く買い上げ、まだ蒸気船と競争できる遠洋航海交易に投入したことで知られている。

マリエハムンには、当時、このポンメルン号の船主のように、大船主が居を構えていた。建設からほどなくして、すでにこの町には、造船や海運に携わる人々が多く住むようになっていたとされる。まさに、マリエハムン

01 マリエハムン港に係留されているポンメルン号。かつて、オーランド諸島の海運業を支えた。

は、船とともに歩んできた町といえよう。

マリエハムンが海運業の町として名を馳せるはるか以前から、オーランド諸島では、船を使った交易が行われてきた。農民が生産物を船で直接売りに行く「農民航海」である。オーランド諸島の農民は、魚や薪、羊毛などを船に積み込み、バルト海を渡って、ストックホルムやヘルシンキ、タリンといった都市に売りに行き、帰りに塩や穀物などを手に入れて戻った。バルト海域を彼らは市場としていたのである。

こうした「農民航海」は、通常、夏に行われた。農民は、自分の船で、あるいは仲間の船のスペースを借りて、生産物を売りに行き、留守中の農場の管理は、残された妻子が行った。「農民航海」は、19世紀初めになると、オーランド諸島の農民にとって、欠かせない収入源として位置づけられるようになる。

だが、当時、「農民航海」は、厳しく規制されていた。それが、1820年代から、徐々に規制が緩和されるようになる。『バルト地域――紛争と協力／過去から未来への道』という本によれば、「農民航海」が農民自身だけでなく、コミュニティ全体に益のあるものだと認識されるようになったから、とされる。そして、1868年には、「農民航海」に関するすべての規制が廃止される。オーランド諸島の農民は、自由に「農民航海」を行うことができるようになったのである。

マリエハムンのある本島から、浅瀬に盛り土をしてつなげた道路であるコーズウェイを通り、レムランドという隣の島に行くと、「農民航海」の農民兼船主によって建てられた家がある。2005年に火事で大きな被害を受けたそうだが、現在ではきれいに復元されている。それほど大きくはないが、農家とは造りが異なる、邸宅といっていい建物である。中は、当時の様子が再現され、調度品やこの家の主だった人たちの写真などが展示されている。

ここは、観光シーズン中、手作りのスープとサンドイッチといった簡単なランチを提供している。静かな昼下がりの邸宅の応接間で、スープとサンドイッチを食べていると、まるでその時代にタイムスリップして、この家の主《あるじ》である「農民航海」の船主にお昼を招待されているような気分になる。

伝統的な「農民航海」の一方で、オーランド諸島では、より規模の大きな海運業が展開し始めていた。富農たちが共同で海運会社を立ち上げるようになったのである。当初は、農民が所有する小さな船を使っていたが、次第に大型の船を建造して用いるようになり、航路もバルト海にとどまらず、北海や地中海へと拡大していった。

海運業が発展していく陰で、「農民航海」は次

02 ヘルシンキの港で塩漬けニシンを売るオーランド諸島からの「農民航海」の船。（オーランド博物館蔵）

第に衰退していった。帆船を使う「農民航海」は、より早く、より多く物資を輸送できる海運業の蒸気船に劣ったからである。農民たちに新たに蒸気船に乗り換える財政的な力はなく、1920年代には「農民航海」は消滅した。

一方、会社形式となり、マリエハムンに本拠地を構えるようになった海運業は、オーランド諸島の基幹産業として発達を遂げていく。2つの世界大戦を経て、1950年代後半には、マリエハムンの船会社によって、マリエハムンとスウェーデン、およびフィンランドを結ぶフェリー客船航路が開設されたことにより、オーランド諸島の海運業は、さらに発展していった。オーランド諸島の海運業は、今では、オーランド諸島のGDPの約40%を占める。特に、フェリー客船は、観光産業など他の分野への波及効果をもたらしていることから、オーランド諸島経済にとって、大きな役割を果たしているといえるだろう。

数社が運航し、1日に何便もマリエハムンに出入りするフェリー客船は、冒頭で触れたポンメルン号が係留されている港に寄港する。オーランド諸島の昔を支えた古い船と、今を支える新しい船が、マリエハムンの港で、毎日、顔を合わせているのである。

オーランド諸島の顔としてフェリー客船を迎えるマリエハムンを後にして、コーズウェイをいくつか渡り、さらにケーブルフェリーと呼ばれる渡船に乗って渡った先に、ヴォールドーという島がある。この島も「農民航海」の島として知られ、かつての船主たちの家々と思われる建物を見ることができる。

集落の中心には、古い教会がある。ずんぐりむっくりした屋根をいただく塔が特徴的な教会だ。

中に入って、上を見上げると、天井から船の模型が吊るされている。「教会船」という。この教会のように、オーランド諸島の多くの教会には、「教会船」が奉納されている。航海の安全を祈って、あるいは無事に航海を終えたことへの感謝の印として、オーランド諸島の人々は、こうした「教会船」を教会に奉納してきたのである。海の上ばかりではなく、陸の教会の中にも、船とともにあるオーランド諸島の歩みが刻まれていた。

16 スウェーデンとの関係

オーランド諸島は、バルト海の只中、スウェーデンとフィンランドの間に連なる群島である。こうした地理的位置から、オーランド諸島は、古くからスウェーデンとフィンランドを行き来する際の通り道となってきた。そして13世紀、オーランド諸島は、フィンランドとともに、スウェーデンの支配下に置かれる。

スウェーデン支配下のオーランド諸島は、スウェーデン本土とスウェーデン領フィンランドの中心都市トゥルク（スウェーデン語名は、オーボ）の間を結ぶルートとしての役割を果たした。そのスウェーデン統治時代に、長くオーランド諸島の中心として機能してきたのが、カステルホルム城である。

「首都」マリエハムンから、いくつかコーズウェイを渡ったところにあるこの城は、元々は要塞として、14世紀後半に建てられたもので、スウェーデンによるオーランド諸島統治の拠点となった。だが、1634年に、オーランド諸島がフィンランド本土のトゥルク・ポリ県の一部として編入されると、カステルホルム城は、オーランド諸島の行政の中心としての機能を失う。さらに18世紀には、火災によって、城のほとんどが崩れ落ち、廃墟となってしまった。その後、何度か修復され、現在では博物館となり、城の歴史を紹介する施設となっている。

オーランド諸島の中心だった頃のカステルホルム城には、スウェーデンの王族たちが折にふれ滞在した。中でも有名な「住人」は、スウェーデン国王だったエーリック14世だろう。エーリック14世は、スウェーデンをデンマーク・ノルウェー同君連合から離脱させ独立に導いたグスタヴ・ヴァーサ王の息子として、1533年に誕生した。父の死去によって、王位を継いだエーリック14世は、教養人であると同時に、野心家だったといわれている。ロシアの侵攻によって始まったリヴォニア戦争中、現在はエストニアの首都となっているハンザ

01 かつてオーランド諸島統治の拠点だったカステルホルム城。

都市タリンからの要請を受けて、これを保護下に置き、さらにデンマークとの北方7年戦争では、ヒーウマー島を征服するなど、スウェーデンの版図を広げることに努めた。

その一方で、エーリック14世は、自分の腹違いの弟であるフィンランド公ヨハンに王位を狙っていると疑いを抱き、ヨハンとその妻を牢に幽閉してしまった。この頃から、エーリック14世は、精神異常の状態が高じ、貴族の一族を惨殺するなど、常軌を逸する行動が顕著になったため、ついに1569年、王族や貴族に反乱を起こされ、廃位させられてしまう。代わって王座に就いたのは、腹違いの弟ヨハンだった。新王となったヨハンは、自分が兄にされたと同じように、エーリック14世を家族とともに牢に幽閉する。カステルホルム城は、そうしたエーリック14世と家族の幽閉先の1つだった。

カステルホルム城の3階には、エーリック14世が幽閉されていたという部屋がある。かけられている木の梯子をよじ登り、上がった部屋は、彼が妻子とともに暮らすには、少々、手狭な気もする。だが、それでも家族と一緒だったことは、エーリック14世にとって、せめてもの慰めだったかもしれない。後に、エーリック14世は、家族と引き離され、1人、別の幽閉先で、毒入りスープを飲まされ落命したと伝えられている。


オーランド諸島は、長くスウェーデン領だった後、1809年にロシア領となり、さらに1921年にはフィンランドの自治領となった。しかし、時代は変わっても、オーランド諸島の住民は、基本的にスウェーデン語とスウェーデン文化を守り続けてきた。

そうしたオーランド諸島の人々の暮らしぶりを展示している施設が、カステルホルム城のすぐ隣にあるヤン・カールスコーデン野外博物館である。ここには、緑の芝生が広がる中に、オーランド諸島各地から集められた農家や納屋など、赤い木造の建物が点在している。オーランド諸島の農村文化は、スウェーデン中部と似ているという。

野外博物館の広場には、メイポールが立てられていた。字面通りにいえば、春の訪れを祝って、5月に立てるものだが、春の訪れの遅いこのあたりでは、6月の夏至の頃に立てる。このメイポールには、船のマストに似るとされる6～7メートルほどの丸太の柱に、木の葉や蔓、花、紙など、色とりどりの飾りつけが施されている。訪れた時は、すでに夏至から2か月ほど過ぎていたので、葉や蔓はしおれ、花はドライフラワー状態になっていたが、これを立ちあげた時は、さぞかし壮観だったにちがいない。

オーランド諸島のメイポールは、スウェーデンのものより高さがあるといわれている。確かに、フェリーに乗って訪れた同じオーランド諸島の中のフォーグルーという島で見

02 野外博物館の広場に立てられたメイポール。

かけたメイポールは、この野外博物館のメイポールよりも、さらに高いものだった。こちらは、観光用ではなく、地元住民が自分たちのために立てたものである。

メイポールに代表されるスウェーデン文化と同じく、オーランド諸島の人々が守り続けてきたのが、スウェーデン語である。先に記したように、オーランド諸島では、住民の90％以上がスウェーデン語を母語としている。そればかりでなく、オーランド諸島では、自治法の言語規定によって、公用語はスウェーデン語のみと定められている。フィンランド本国では、フィンランド語とスウェーデン語の両方が公用語となっているので、オーランド諸島の独自性は際立っている。この言語規定は、1921年に、オーランド諸島の帰属をフィンランドとすることに決定した一方、オーランド諸島民のスウェーデン語の使用、およびスウェーデン文化とオーランド諸島の諸習慣の保護を定めた協定に由来している。

公用語がスウェーデン語のみということは、たとえば、オーランド諸島で公的助成を受けて運営されている学校の教育言語は、すべてスウェーデン語ということを意味する。その場合、「本国」の言葉であるフィンランド語は、「外国語」として教えられている。オーランド諸島政府の首班を務めたエリザベス・ナウクレールは、『リージョンの時代と島の自治――バルト海オーランド島と東シナ海沖縄島の比較研究』[*1]という本に寄せた論考の中で、「自治政権の基礎を成すものはスウェーデン言語と文化である」と述べている。フィンランドという国家の枠組みの中で、オーランド諸島の自治権とスウェーデ

＊1　古城利明編『リージョンの時代と島の自治――バルト海オーランド島と東シナ海沖縄島の比較研究』中央大学出版部、2006年。

ン語・スウェーデン文化の保持が不可分の関係にあることがよくわかる。

　スウェーデン語のみが公用語のオーランド諸島は、滞在していると、正直、ここがフィンランド領内だということを、つい忘れてしまう。加えて、スウェーデンからの旅行者が多いことも、それに影響しているだろう。宿泊したマリエハムンのホテルは、スウェーデンからやってきた高齢者グループであふれていた。スウェーデン語が飛び交うホテルのレストランで食事をしていると、オーランド諸島の独自の立場がいっそう実感をともなって感じられた。

17 熊の前足

オーランド諸島は、長くスウェーデンの統治下にあり、またほとんどの住民がスウェーデン語を話すといったように、スウェーデンとの関係が深かった。だが、オーランド諸島は、1809年からは、ロシアの統治下に置かれた。

ロシアがオーランド諸島に触手を伸ばしたのは、大北方戦争の時にさかのぼる。ポーランド、デンマークと同盟を結んだロシアのピョートル大帝は、1700年、スウェーデンを相手に大北方戦争を始めた。当初は、スウェーデンに敗れたものの、1709年にポルタヴァの戦いで勝利すると、ロシアは攻勢を強め、1714年には、オーランド諸島を攻撃する。オーランド諸島は、サンクトペテルブルグに首都を築いたロシアにとって、バルト海域支配に向けての重要な戦略地点だったのである。

大北方戦争に敗れたスウェーデンは、サーレマー島、ヒーウマー島、および現在のエストニア本土とラトビア中北部の領土をロシアに割譲し、「バルト帝国」は終焉する。オーランド諸島も、本国スウェーデンの凋落とともに、いっそうロシアからの脅威にさらされることになった。そして、ナポレオン戦争中の1808年、フィンランドを戦場として行われたスウェーデンとの戦いに勝利したロシアは、逃げるスウェーデン軍を追って、オーランド諸島に侵攻する。結局、この戦いで敗北を喫したスウェーデンは、翌1809年、講和条約によって、フィンランドとともに、オーランド諸島もロシアに割譲することになった。

こうして、ロシアは、フィンランド自治公国の一部として、最西端の領土となるオーランド諸島を支配下に置く。以後、オーランド諸島は、「ロシアという熊の前足」と称されるようになる。

オーランド諸島には、この「熊の前足」時代を象徴する建造物が2つ残されている。1つは、旧エッケルー郵便局・税関である。この郵便局・税関は、ロシアにとって最西端の領土であったオーランド諸島の中で、もっとも西にあるエッケルー島のさらに西端に位置していた。ここから海を渡ったその先は、スウェーデン本土である。

ロシアがスウェーデンとの国境であったこの場所に郵便局・税関を建設したのは、1828年のことだった。エッケルー郵便局・税関の建物は、実用という以上に、ロシアの威信を誇示するために建てられたといわれている。特に、海から見た時に、すぐにそれとわかるよう、壮麗な建物が建造されたのである。

01 かつてはロシアの最西端の領土であったエッケルーに残る旧郵便局・税関の建物。

海辺に程近い薄クリーム色の旧エッケルー郵便局・税関の建物は、確かにどっしりした造りだが、いかめしいという印象はない。むしろ、どことなく優美な雰囲気が感じられる。設計者の1人が、ヘルシンキ大聖堂を設計したカール・エンゲルのせいだろうか。ヘルシンキ大聖堂も、緑の屋根に白亜の建物が優美な印象を与える建築である。

エッケルー郵便局・税関は、ストックホルムとサンクトペテルブルグの間の郵便ルート上で、ロシア側の玄関口としての機能を果たした。ただし、エッケルーは、それ以前から、バルト海域の郵便ルート上、重要な役割を担ってきた。

スウェーデン統治時代の17世紀、ストックホルムとスウェーデン領フィンランドの都市トゥルクとの間に郵便ルートが定められ、オーランド諸島の農民は、海上をスウェーデンからエッケルーまで、郵便物を運ぶ任務を課せられた。エッケルー郵便局・税関の建物の中は、現在、博物館となっているが、そこには、当時、郵便物を運んだオーランド諸島農民の苦労を示す展示が掲げられている。

当時、郵便物運搬は、命がけの仕事だった。郵便物運搬人は、時として、運搬途上の海で命を落としたが、郵便物は、浮き上がるオーク材の樽に入れられていたため、無事に届けられたという。ストックホルムからトゥルクまで、郵便物は、早い場合、4日で届いたとされる。これは、現在とほぼ同じ日数というから、驚きである。それだけ、当時のオーランド諸島農民の郵便物運搬任務がいかに大変なものだったのかわかる。

こうした郵便ルートは、しかしながら、オーランド諸島がロシア統治下に置かれると、様相が変わる。それまでは、ストックホルムからすべて「国内便」だったものが、エッケルーからは「外国便」になったのである。『フィンランドの歴史』[*1]という本の中で、デイヴィッド・カービーが述べているように、スウェーデンからフィンランドへ郵便物を運んだり、海を渡ったりする人たちは、否が応でも、エッケルー郵便局・税関での通関に直面することになった。オーランド諸島がロシア帝国の領土であることを、エッケルー郵便局・税関はまさに体現する存在だったといえる。

「熊の前足」時代を象徴するオーランド諸島のもう1つの建造物は、ボマスンド要塞である。この要塞は、カステルホルム城からコーズウェイを渡った先にある。

ロシアは、オーランド諸島のほぼ中央に位置するこの場所に、1832年から要塞建設を開始した。このボマスンド要塞は、数千の兵士が駐屯できる巨大なものであり、中には病院やロシア正教会が設けられるなど、「要塞都市」といえるものだった。

＊1　David Kirby, *A Concise History of Finland*, Cambridge University Press, 2006.（翻訳書はデイヴィッド・カービー『フィンランドの歴史』百瀬宏・石野裕子監訳、明石書店、2008年。）

ただし、ボマスンド要塞は、完成に至らなかった。工事に年月がかかり、半分ほど完成したところで、ロシアとトルコの間で、クリミア戦争が起きたからである。１８５４年、トルコ側についたイギリスとフランスは、ボマスンド要塞を海上から攻撃した。４日間にわたって砲弾の嵐を浴びたボマスンド要塞のロシア軍はついに降伏し、要塞は、未完成のまま陥落した。そして、要塞を占領したイギリスとフランスによって、要塞の大部分は破壊されてしまった。後に、残った部分のレンガや石といった資材は、オークションにかけられ、その一部は、ヘルシンキのロシア正教の聖堂であるウスペンスキー大聖堂の建設資材として使われたそうである。いわれてみれば、ウスペンスキー大聖堂も、ボマスンド要塞と同じ、赤レンガ造りである。

今では、往時のわずか一部しか、ボマスンド要塞は残っていない。要塞跡から橋を渡った対岸の丘の上に、小さな博物館があり、そこでボマスンド要塞に関するＤＶＤを見せてもらった。ＣＧで再現された要塞は、主要部分だけでも、半円形に弧を描く赤レンガの建物が敷地いっぱいに広がった、とてつもなく大きなものだった。

さらに実際に、要塞の跡に立ってみると、ボマスンド要塞の規模の大きさをいっそう感じることができる。主要部分にあたる赤レンガで造られた大きなアーチ形の要塞のく

02現在は、ごく一部しか残っていないが、そのスケールの大きさを感じることができるボマスンド要塞跡。

りぬき部分には、復元された大砲が海に向けて据え付けられていた。眼下には海が広がっている。この海にイギリスとフランスの艦船が集結し、4日間、雨あられと要塞に砲撃を加えたとは、今ののどかで静かな風景からは想像しがたい。

巨大な要塞として建設が始まり、建設途上で激しい砲撃を受け、そして現在は遺跡として静かにたたずむこのボマスンド要塞は、オーランド諸島の非武装化を象徴するものということができるだろう。クリミア戦争後、1856年にパリで開催された講和会議において、オーランド諸島は、引き続きロシアが領有する一方、非武装化することで合意された。つまり、ロシアはボマスンド要塞の再建や、新たな要塞の建設をすることが不可能になったのである。いわば、「熊の前足」の爪が短く切られた、とでもいえるだろうか。

ロシアが建設したボマスンド要塞は、非武装化というオーランド諸島の特色の1つを生み出すもととなった。元々の目的とは異なる形で役割を果たしたこの赤レンガの要塞跡に、歴史の数奇さを感じずにはいられない。

18 バルト海の架け橋

先に、オーランド諸島は、バルト海に「鎖のように連なった群島」と表現した。もう1つ、「架け橋のように連なった群島」というい方をしてもよいだろう。架け橋の片方の端であるスウェーデンと歴史的、文化的に深いつながりを持ってきたオーランド諸島は、現在は、もう片方の端であるフィンランドの自治領となっている。

オーランド諸島がフィンランド領になったのは、1921年のことである。それに先立つ1917年、オーランド諸島を領有していたロシア帝国は、2月革命によって崩壊した。この年8月、早くもオーランド諸島では、島内各自治体の代表が集まり、スウェーデンへの再統一を求めていくことで一致した。そして、オーランド諸島の代表団は、スウェーデン国王、および政府に対し、再統一の請願を行う。

一方、フィンランドは、1917年の末に、ロシアからの独立を宣言する。ロシア統治下では、オーランド諸島はフィンランド自治公国の一部であったため、フィンランド側は、独立に伴って、オーランド諸島もフィンランド領になるものという認識をもっていたといえよう。フィンランドは、オーランド諸島に知事を派遣し、領土の一部として扱い始める。

だが、オーランド諸島側には、フィンランド領になるという考えはなかった。1919年、オーランド諸島では、スウェーデンへの再統一に賛成する署名活動が行われた。T・K・デリーの『スカンジナビアの歴史――ノルウェー、スウェーデン、デンマーク、フィンランド、アイスランド』によれば、オーランド諸島民の96％がスウェーデンへの再統一に賛成したとされる。

こうしたオーランド諸島の動きに対抗し、フィンランドは、1920年、オーランド諸島に諮ることなく、国会において、オーランド諸島自治法を可決する。この自治法がオーランド諸島側から拒絶されると、フィンランドは、スウェーデンへの再統一運動を率いていたオーランド諸島のリーダー2人を逮捕し、投獄した。

マリエハムンの町の中にあるオーランド博物館には、このリーダー2人が釈放され、マリエハムンに帰還した時の写真が展示されている。花束を持って正装した2人を多くの人々が取り囲んでいる様子が写っている。オーランド諸島の人々の2人に対する歓迎ぶりと、スウェーデンへの再統一運動に対する熱気が伝わってくるようだ。

紛糾するオーランド諸島の帰属問題は、イギリスの提案によって、国際連盟に調停が委ねられることになった。設立間もない国際連盟において、この問題の調停に尽力したとされるのが、初代事務次長の新渡戸稲造である。新渡戸が中心となって取りまとめたとされる国際連盟の裁定は、オーランド諸島の帰属はフィンランドとし、オーランド諸島には自治を保障するというものだった。

これを受けて、フィンランドとスウェーデンは、上記の内容、およびオーランド諸島民のスウェーデン語使用、スウェーデン文化とオーランド諸島の習慣の保護を盛り込んだ協定を締結した。加えて、1856年に合意されたオーランド諸島の非武装化を確認し、さらに中立化を定めた協定も、フィンランド、スウェーデンをはじめとする10か国によって締結された。つまり、フィンランドは主権を、オーランド諸島は自治を、スウェーデンは安全保障を、それぞれ手にしたといわれている。

スウェーデンへの再統一を願ってきたオーランド諸島の人々は、国際連盟の裁定に落胆した。だが、自治やスウェーデン語の使用、スウェーデン文化の保護を保障されたことにより、フィンランドの自治領という立場を受けいれることになった。先のオーランド博物館でもらったパンフレットには、スウェーデンへの再統一運動が不首尾に終わったことに対し、「今では、ほとんど誰も嘆いていない」と記されていた。

こうしてフィンランドの自治領となったオーランド諸島は、自治政府と議会を持つことになった。1954年には、さらに独自の「島旗」を制定し、1984年からは、独自の切手の発行を始める。オーランド諸島の自治の拠点となる自治政府と議会は、オーランド博物館から目と鼻の先にある。ガラスを多用したモダンな白い建物のまわりは、

01 「島旗」が飾られたオーランド・パンケーキ。

公園のようにきれいに整備されている。議会の建物の前には、オーランド諸島の「島旗」が掲げられている。濃い青地に、黄色の十字、さらにその中に赤い十字が入ったデザインの旗である。

そんなオーランド諸島の名物に、オーランド・パンケーキというのがある。パンケーキの上に、季節のフルーツジャムと生クリームをのせたものだが、その名を冠するだけあって、そこにもちゃんと小さいながら「島旗」が飾られている。

スウェーデンと深い関係を持ち、フィンランドの自治領であるオーランド諸島は、航空機や多くのフェリーによって、この両国の本土と密に結ばれている。バルト7島の多くの島では、本土との交通が課題となっているため、オーランド諸島は、その点、状況が異なるといえよう。

ただ、オーランド諸島政府に勤めるEさんによると、オーランド諸島の場合、むしろ諸島内の交通が問題であるそうだ。オーランド諸島は、約６７００の島々からなる「群島」である。そのうち、人の住んでいる島は、約65とはいえ、バルト海に散らばる小さな島々を結ぶのは、決してたやすいことではない。

島々を結ぶ手段の1つが、先にも触れたコーズウェイである。海の浅瀬に盛り土をしてつなげた道路であるコーズウェイは、オーランド諸島の中に、毛細血管のように張り巡らされている。コーズウェイで結ばれている島の中には、岩といった方がふさわしいところもあり、車で行くと、そうとは気づかないまま通り過ぎてしまうことが多い。

また、コーズウェイは、浅瀬に盛り土をした道路であるため、海面からわずかしかない。車で走っていると、時として、海の中を走っているような感覚にとらわれる。コーズウェイで次々と島々を渡り、最後まで行きつくと、道路はそこで終わり、車がドブンと海に落ちる絵が描かれた黄色の標識に行き当たる。ここから先は、フェリーの出番である。

フェリーは、やや離れたところにある島々を結ぶための手段として用いられている。たとえば、先に記したメイポールを見た村のあるフォーグルー島に行くには、30分ほどフェリーに乗る。フェリーの船内には、カフェやトイレも備わっており、短いながらも、ちょっとした船旅気分を味わえる。ちなみに、車がない旅客は、運賃無料である。車を港に置き、徒歩でフェリーに乗り込み、渡った先の港で、出迎えの車に乗る人を何人か見かけた。

そして、オーランド諸島で島々を結ぶ真骨頂といえば、ケーブルフェリーである。ケーブルフェリーは、船室も屋根もない、鋼鉄製の甲板の上に、クレーン車のような操

02車をのせてこちらにやってくるケーブルフェリー。オーランド諸島住民の「足」となっている。

舵室が載っているという、シンプルな構造の渡船である。コーズウェイでは結べないが、フェリーを使うほどではない距離のところで用いられ、オーランド諸島のいたるところで見かけることができる。運航時間は特に決められておらず、ほどほどに車やバイク、自転車や人などが乗り込んだところで出発する。渡る時間は、せいぜい4、5分である。待っていると、向こう岸から、空のケーブルフェリーがこちらに渡ってきてくれることもある。

渡し場のところにあった案内板を見ると、ケーブルフェリーは、昼と夜間の休み時間を除いて、ほぼ終日、運航されているようだ。さらに、ケーブルフェリーは、フェリーと違って、車やバイクも無料である。文字通り、オーランド諸島の住民の「足」となっているのである。フィンランドとスウェーデンの間に点在する「群島」オーランド諸島を、バルト海の架け橋として、物理的に下支えしているのは、こうしたコーズウェイやフェリー、ケーブルフェリーだといっていい。

19 変化の中で

細長い半島の上にあるマリエハムンの町の一方の端は、ポンメルン号が係留され、大型フェリー客船が寄港する港である。そして、もう一方の端は、ヨットハーバーになっている。そのヨットハーバーには、木造の船が2隻、係留されている。実は、この2隻ともタイ・レストランである。店に入ると、タイ人女性が手を前で合わせ、タイ式挨拶をしてくれる。店では、ランチバイキングをやっており、昼時は地元の人でにぎわっている。

ふと、オーランド諸島に到着した時のことを思い出した。マリエハムン空港に着いて、そこでレンタカーを借りたのだが、走り始めて少し経つと、車が変な音をたてるようになった。そのうち、焦げ臭いにおいがしてきたので、慌てて車を近くの住宅街の横道に入れて止めた。車から降りて、どうしようかと思っていると、向かいの家から赤ちゃんを抱いて出てきた若い男性が声をかけてくれた。事情を話すと、親切に家に招き入れ、レンタカー会社に電話をしてくれて、代車を届けてもらう手筈まで整えてくれた。

代車が届くまでの間、この家のキッチンで、その男性とよもやま話をしていたのだが、その時、東日本大震災の話になった。彼は、「日本人なら絶対にすぐ復興できる」といい、その後、「これがタイ人だったら、そうはいかない」と続けた。会話の中に唐突にタイ人が出てきたので、面食らったが、その時は、東日本大震災の数年前に起きたインド洋大地震のことをいっているのかと思った。

01 オーランド諸島の「首都」マリエハムンの町のショッピング・ストリート。

だが、マリエハムンのヨットハーバーで、タイ・レストランを見て、腑に落ちた。オーランド諸島には、小さいながらもタイ人コミュニティが存在しているようである。マリエハムンの町の中では、他にもタイ・レストランやタイ食品専門の食料品店を見かけたし、また本島の別の町でも、タイのパゴダを模したタイ・レストランがあった。レンタカーの故障の際に世話になった、かの男性のコメントは、おそらくこうした状況の中から出てきたもののようだ。

フィンランドの自治領としてオーランド諸島が持っている独自の権利の1つに、島民権がある。島民権を持っていれば、オーランド諸島議会選挙の選挙権と被選挙権、オーランド諸島の不動産を取得、所有する権利、そしてオーランド諸島で営業活動を行う権利が認められる。島民権は、両親のいずれか一方が島民権を持っている場合、子供に与えられ、また、オーランド諸島に5年間にわたって居住し、スウェーデン語に堪能なフィンランド国籍を持つ移住者の場合は、島民権の申請をすることができる。ただし、5年以上オーランド諸島以外で暮らした場合は、島民権を失う。

この島民権は、フィンランドという国家の枠組みの中で、マイノリティとしてのオーランド諸島民の権利を保護するために定められたものである。フィンランドが1995年にEUに加盟する際、オーランド諸島は、自治法に基づき、フィンランドとは別に、自らのEUへの加盟について、その是非を決定することができる立場にあった。そして、オーランド諸島は、フィンランド政府やEUとの交渉の結果、島民権をはじめとするオーランド諸島の特別な地位をEUの特別協定によって保障させることに成功する。これによって、オーランド諸島の議会は、フィンランドとともに、EUに加盟することを決定した。エリザベス・ナウクレールは、『リージョンの時代と島の自治――バルト海オーランド島と東シナ海沖縄島の比較研究』の中で、オーランド諸島のEU加盟について、「オーランド島は、本国の欧州連合加盟にもかかわらず、加盟をしないという選択肢をもち、それでも加盟することを選択した唯一の管轄区であり、それ故に独特な地位を築いた」と記している。ちなみに、デンマークの自治領であるフェーロー諸島やグリーンランドは、本国のデンマークがEUに加盟しているのに対し、EUに加盟していない。

ただ、その後の変化は、オーランド諸島の人々が予想していたのを上回るスピードで進んでいるといえるのではないだろうか。オーランド諸島の島民権は、EUの特別協定によって保障されているが、ヨーロッパ統合による、そしてさらにグローバル化による人の移動の活発化は、そうしたオーランド諸島の状況にも、確実に変化をもたらしているように思われる。オーランド諸島でタイ・レストランなどを営むタイ人たちは、おそらく人の移動の活発化という流れの中で、オーランド諸島にやってきて、島民権を取り、ビジネスを始めた人たちなのだろう。様々な出自の移民が多く行きかう本国フィンランドの首都ヘルシンキに比べれば、数的には少ないとはいえ、それまでいかに本国フィンランドに呑み込まれないかということに心を砕いてきたオーランド諸島にとっては、フィンランド人ではない移民の流入は、新たな状況の出現ということができるのではないだろうか。

別の日、こんなこともあった。マリエハムンの町の中心のショッピング・ストリートを歩いていた時のことである。前からやってきた見知らぬ高齢の女性が、突然、「どこから来たのか」と話しかけてきた。立ち止まって、「日本から」と答えると、その女性は、「今、中国から、たくさん、たくさん観光客が来ている」といった。オーランド諸島に着いて以来、中国人観光客は1人も見かけたことがなかったので、ちょっと驚いた。「本当ですか？　タイ人は見ましたけれど」というと、その女性は、一瞬こちらを見つめ、それから黙って、ふっとそのまま立ち去ってしまった。

この女性が本当は何をいいたかったのか、その真意はわからない。彼女がいうように、オーランド諸島には、本当にたくさんの中国人観光客がやってきているのかもしれない。いずれにせよ、「たくさん、たくさん」と強調したその声と、その時のまなざしには、この女性の思いがにじみ出ていた。

もちろん、この高齢の女性やレンタカーの故障の際に世話になった若い男性がオーランド諸島の人々すべてを代表しているわけではない。だが、オーランド諸島の人々の間には、やはり、移民の流入といった新たな変化に直面して、一種の戸惑いが生じているように、私のような部外者には感じられた。

一方、オーランド諸島の舌のグローバル化の方は、一歩先んじているようだ。冒頭で触れたように、マリエハムンのヨットハーバーのタイ・レストランは、地元の客で繁盛していた。また、マリエハムンの町はずれには、スシ・バーもある。

スタイリッシュな雰囲気のこのスシ・バーは、地元出身らしい若い男性2人が切り盛りしている。店内には、彼らがせっせと握った寿司がきれいに並べられ、味噌汁も置いてある。店には、テイクアウトの寿司を買い求める客がひっきりなしに訪れている。ど

02オーランド諸島自治政府・議会の近くで、寿司を売る移動販売車。

うやら、寿司は、オーランド諸島の人々の間で、すっかり定着しているようだ。
　後日、昼時に、オーランド諸島の自治政府・議会の近くを通りかかった際、そばの公園で、「スシ」と書かれたのぼりを立てた寿司の移動販売車を見かけた。議会ビルの上に掲げられたオーランド諸島の「島旗」と、「スシ」と書かれた寿司の移動販売車ののぼりが一緒にはためいている光景は、変化の中にあるオーランド諸島の今を象徴しているかのように思えた。

コラム 3

ルーツは島に

オーランド諸島の中心地マリエハムンの町の一角に、モダンなデザインの市立図書館がある。ここは主に地元の人たちが本を借りたり、読みにきたりする図書館だが、その中に島外に出たオーランド諸島出身者が自分の祖先をたどり、ルーツを探すことのできるコーナーが設けられている。

19世紀中頃から次第に人口が増加していったオーランド諸島では、19世紀後半から20世紀初頭にかけて、島外へ移住する人が増えた。島は面積が限られているという地理的状況が背景にある。それに加えて、オーランド諸島の場合、島の農民たちがそれまで行ってきた「農民航海」の重要な交易品である塩漬けニシンが食習慣の変化によって売れなくなったことも背景にあった。これによって、多くの人々が経済的な理由から、島での生活に見切りをつけざるをえなかったのである。1893年から1907年までの14年間で、オーランド諸島の人口の約16%が島外へ移住したとされる。行き先は、当初、アメリカやカナダといった北米が多く、ついで1918年以降は、言葉と文化を同じくするスウェーデンへの移住者が増えた。

オーランド諸島に限らず、バルト7島では、島外への移住はよくみられた現象だった。ゴットランド島やエーランド島のように生活環境の厳しさから(第24、26章参照)、あるいはサーレマー島のようにソ連の再占領から逃れるために(第8章参照)、人々は故郷の島を後にして、異郷の地に移り住んだ。

しかし、島を離れても、多くの人々は、自分たちのルーツを大切にした。第2次世界大戦中に、ソ連の再占領から逃れ、家族でサーレマー島を脱出し、アメリカに移住したUさんによれば、北米では、エストニア出身者の集まりだけでなく、サーレマー島出身者の集まりもカナダのトロントを拠点に存在しているとのことである。同じくヒーウマー島出身者

マリエハムンの昼下がり

も、独自の集まりを持っており、ニュースレターを発行している。この2つの島は、冷戦中、ソ連下の「国境の島」として出入りが厳しく制限されていたことから、移住先で島の出身者同士、集まりを持つことによって、帰れない故郷の島との絆を保とうとしたのだろう。

オーランド諸島マリエハムンの図書館では、自分たちの祖先が、いつ、オーランド諸島のどこの場所から、どうやって移住したのか、あるいはまた、親戚は誰でどこにいるのか、などといったことを調べることができるようだ。はるか昔に島を離れても、子孫たちのルーツは島にあり、心は今も島にあるといえそうである。

ゴットランド島：Gotland

スウェーデン王国

人口：約 57,000 人（2015 年）

面積：3,183.7 平方キロメートル

中心都市：ヴィスビュー

第V部

ゴットランド島——石と花の島

20 商人たちの盛衰

バルト海最大の面積を持つゴットランド島は、スウェーデンの県の1つである。一般的にスウェーデン本土からゴットランド島に行く場合、空路もあるが、首都ストックホルムから車で1時間半ほどのところにあるニネスハムン港からフェリーを利用することが多い。

フェリーは、3時間少々で、ゴットランド島の中心地ヴィスビューに到着する。人口約2万5000人を有するヴィスビューで、輪壁に囲まれた町のエリアは、北欧のハンザ都市の特徴的な例として、1995年にユネスコの世界遺産に登録された。輪壁とは、文字通り、町を取り囲む、高さ10メートルほどの輪状の石壁であり、その長さは約3・5キロに及ぶ。輪壁のそこここには、塔が建てられ、現在でも、20以上の塔が残っているのを見ることができる。

輪壁の外側は、白い野の花が咲く緑地帯になっており、壁に沿って遊歩道がついている。この分厚い石組みの輪壁の内側が、いうまでもなく、ハンザ商人の町として栄えたヴィスビューの町のエリアにあたる。町の中へ出入りする車は、輪壁のところどころに設けられている狭いアーチ型の門を窮屈そうにくぐり抜けている。夏の観光シーズン中は、輪壁の中への車の乗り入れは禁止されるそうだ。

この輪壁で囲まれたヴィスビューの町を築いたのは、北ドイツからやってきた商人たちである。元々、ゴットランド島バイキングの港であり、交易拠点の1つであったヴィスビューに北ドイツの商人がやってきたのは、1150年代とされる。彼らの目的は、主にロシア産の毛皮の取引だった。バイキング時代からロシアと交易を行ってきたゴットランド島民は、ロシアのノブゴロドに、「ゴート商館」という自分たちの商館を設けており、ロシアで得た毛皮や蠟などの品々の仲介取引を、主に西ヨーロッパを相手に行っていた。北ドイツの商人は、ゴットラ

01 ハンザ商人の町として栄えたヴィスビューの町を取り囲む輪壁。

02「農民－交易商」の建てた石造りの家の跡。

ンド島民のこうしたロシアとの交易関係を利用しようと考えたのである。

　当時、ロシアと交易を行っていたゴットランド島民は、ゴットランド島で農業をしながら、交易品取引をする「農民－交易商」だった。つまり、普段は農場を本拠地とし、折々、沿岸の港からロシアやドイツなどに船出して交易を行う、いわば「兼業」交易商だった。「兼業」といっても、こうした交易活動は、「農民－交易商」に大きな富をもたらした。

　『ゴットランド——過去と現在』[*1]という本によると、「農民－交易商」の繁栄ぶりは、彼らが建てた石造りの家にうかがえるという。石造りの家を建てることは、その建造方法の知識ばかりでなく、多大な経済的資源が必要とされたからである。

　ゴットランド島南部に、そうした「農民－交易商」の建てた石造りの家の跡が残っている。家の跡は、とある牧草地のただなかにある。

　牧草地には柵が設けられており、入り口にはカギがかけられているが、ちょうど脚立を立てたように、柵をまたいで木製の階段が取り付けられているので、中に入ることができる。牧草地の中に車で乗り入れることは禁止されているが、人が徒歩で中に入るこ

＊1　Lars Olsson, *Gotland: Past and Present*, Goltands Lämmedelscentral, 1996.

とは許されているのである。

トラクターによって踏み固められた牧草地の細道の先に、満開の白い花をつけたリンゴの木があり、その傍らに「農民‐交易商」が建てた石造りの家の跡がある。今は、かなりの部分が崩落しているが、かつては4階建ての家だったそうだ。こうした家は、「農民‐交易商」が、交易先で石造りの家を見て触発され、自分たちの農場に建てたものといわれている。ゴットランド島の「農民‐交易商」が交易先で得たものは、利益だけでなく、石造りの家を建てるという夢もあったのかもしれない。


だが、ゴットランド島の「農民‐交易商」の繁栄も、ヴィスビューにやってきた北ドイツの商人の台頭によって、次第に陰りを見せるようになる。13世紀に入ると、北ドイツの商人は、ゴットランド島の「農民‐交易商」が利益を上げていたロシア・ノブゴロドに自分たちの商館を構え、ヴィスビューには、家や倉庫などを建て、交易活動の拠点として整備を進めた。そして、1280年、ヴィスビューの町を取り囲む、前出の輪壁の建設が始まる。この輪壁の機能は、1つには、「外敵」に対する防衛だったが、もう1つは、ヴィスビューの「町」と、それ以外のゴットランド島の「村」とを明確に区分することだった。

それまで、「村」に暮らす「農民‐交易商」は、ヴィスビューにやってきて、自由に交易を行うことができた。しかし、輪壁の建設によって、「農民‐交易商」がヴィスビューに交易品を持ち込む際、輪壁のところで「関税」を払わなければならなくなった。

これに対し、「農民－交易商」は反発する。１２８８年、「町」と「村」の間で、「内戦」になった。この「内戦」は、スウェーデンのマグヌス・ラーデュロース王の調停によって終結し、ヴィスビュー側には、王の許可なく輪壁を建設したとして、罰金が科せられた。

しかし、築かれた輪壁は壊されなかった。むしろ、ヴィスビューの商人たちによって、より高く積み上げられ、延伸され、多くの塔も築造された。輪壁は、「町」ヴィスビューと、それ以外の「村」を分け隔てるという機能を、それ以降も、果たし続けたのである。

時代は下って１３６１年、ゴットランド島は、デンマークの侵攻を受け、支配される。この時、ゴットランド島の商業は、「町」ヴィスビューとその商人たちに集中させることが定められた。「町」ヴィスビューと「村」とをはっきりと区分する輪壁の存在は、「村」を本拠地とするゴットランド島の「農民－交易商」の交易活動を、こうしてついに終焉させたのだった。

輪壁の内側にあるヴィスビューの町の中の商店やレストランなどが立ち並ぶ小道を通り、海の方向へ下りていくと、公園に行きつく。緑豊かな公園を囲んで輪壁が伸び、そのいちばん端に石造りの大きな塔がある。北ドイツの商人がヴィスビューにやってきて間もない１１６０年頃に建てられたもので、後に火薬が貯蔵されたことから、現在では火薬塔と呼ばれている塔である。

火薬塔のすぐ近くに海が広がっている。この塔は、元々、ヴィスビューの港の守りのために建てられ、その後、輪壁が築かれた際、その中に組み込まれる形になった。こうした石造りの塔と輪壁によって囲いこむことで、「よそ者」である北ドイツの商人たちは、ゴットランド島の地に自分たちの町を建設したのである。

しかし、その一方で、ヴィスビューのドイツ商人たちの凋落は、確実に始まっていた。北ドイツの都市リューベックを盟主とするハンザ都市連合が、バルト海域における交易の主導権を次第に握るようになっていたからである。ヴィスビューのドイツ商人たちが持っていた特権は、ハンザ都市連合によって次々と失われ、ヴィスビューは、バルト海域交易の拠点から、やがて単なる「その他大勢」の都市としての位置づけに甘んじるようになってしまった。

そうした商人たちの浮き沈みを見てきたであろう火薬塔と輪壁は、まるで何事もなかったかのように、現在、世界遺産となったヴィスビューの町に静かに立っている。

21 教会の島

ゴットランド島は、「教会の島」といわれる。全島に100近く、特に農村部には、90ほどの教会がある。これらの教会は、そのほとんどが中世の時代に建てられた。こうした教会をめぐり歩く「教会めぐり」は、ゴットランド島の観光コースの1つになっている。

島の南部にある13世紀前半に建てられたエーヤ教会は、そうした教会の1つである。この教会の尖塔は、67メートルと、ゴットランド島の教会の中で、いちばんの高さを誇る。

尖塔のほかにこの教会で名高いものは、13世紀に作製された木製のキリスト磔刑十字架と、その傍らに立つマリア像である。特に、悲しみにくれるマリア像は、「エーヤのマドンナ」として知られている。ただし、教会にあるのはレプリカで、本物は、ヴィスビューの歴史博物館にある。

それと比べるとあまり知られていないが、見逃せないのが、教会の外にある、ちょっと不思議な石造りの彫刻である。それは、教会の戸口を縁どる石造りの装飾の一部で、巻き毛に囲まれた人の顔が、いちばん外側に飛び出すような形で彫られている。顔に続いて、体が斜めに寝そべった格好で戸口に向けて彫られており、手にはトンカチが握られている。聖エリギウスという金細工の守護聖人であるそうだ。この彫刻の反対側には、口を大きく開け、目を見開いた怪獣のような顔の彫刻が彫られている。

エーヤ教会の石造りの彫刻を見ていて、エストニア・サーレマー島の農村部にあるいくつかの古い教会を思い出した。中世に建てられたこうした教会の外壁や内部にも、エーヤ教会のような不思議な雰囲気を湛えたキリストや聖人、動物の石造りの彫像があった。

『バルト地域――紛争と協力／過去から未来への道』という本によれば、ゴットランド島の石工は、昔からその名を知られていたそうである。彼らは、北方十

01 エーヤ教会の聖エリギウスの彫刻。

字軍によるエストニア制圧後、かの地にやってきて、様々な仕事をしたと考えられている。サーレマー島にある教会の石造りの彫像制作に携わった石工も、その何人かは、ゴットランド島からやってきた人々といわれている。

ただ、サーレマー島にある古い教会は、ソ連時代、顧みられなかったこともあって、かなり傷んでしまったものも少なくない。そうした教会の修復に一役買ったのが、ゴットランド島である。EUから一部資金援助を仰ぎ、ヴィスビューにあるゴットランド大学（現ウプサラ大学ゴットランド校）が、エストニアの保存センターやタリン工科大学と共同で、ゴットランド島農村部の教会とともに、サーレマー島の教会の修復を行った。

はるか昔、ゴットランド島からやってきた石工が残した教会の石造りの彫像を後世に伝えるために、ゴットランド島が協力したのである。

ゴットランド島農村部の教会は、エーヤ教会はじめ、「教会めぐり」の「観光資源」としての役割だけにとどまらない。教区の中心という本来の役割を今も果たしているのである。

ゴットランド島についていろいろと教えてもらったゴットランド県の職員であるAさんの話では、スウェーデン本土に比べると、ゴットランド島の教区の活動は、とても活発であるそうだ。確かに、訪れた農村部の教会は、単なる「観光資源」や「文化財」ではなく、どこも教区の人々が集う場として、実際に使われている様子がうかがえた。ゴットランド島には、92の教区がある。ゴットランド全島にわたって、こうした教区それぞれが地域の人々に根ざした活動を展開しているのである。まさに、その意味でも、「教会の島」という表現がふさわしいといえよう。

再びAさんによると、教区が活発に機能していることで、他の土地からゴットランド島に移り住んできた人や、進学や就職などで島を離れ、退職後に再び島に戻ってきた人も、地元社会に溶け込みやすいという。Aさん自身、スウェーデン本土北部の出身で、子供が小さい頃、ゴットランド島に移り住んだということなので、実体験なのだろう。Aさんの話を聞いて、ゴットランド島農村部にある多くの古い教会が、決して過去の遺物ではなく、現代においても、教区の人々の拠りどころとして「生きている」ことを、いっそう実感した。

ゴットランド島農村部にある教会が、中世のたたずまいを残しながら、今も教区の中心として機能しているのに対し、ヴィスビューにある中世の教会は、17あったものが、1つを除いて、ほぼすべてが廃墟となってしまっている。前節で述べたように、14世紀には、リューベックを盟主とするハンザ都市連合の台頭によって、バルト海域交易の一大拠点としてのヴィスビューの位置づけは、著しく低下した。さらに、ペストに襲われたことによって、ヴィスビューの人口は減り、町は荒廃した。そしてそれに追い打ちをかけたのが、海賊である。

14世紀末から、入れ代わり立ち代わりヴィスビューを根城にバルト海域を荒らし回った海賊たちは、ハンザ都市連合によるバルト海域交易活動にとって大きな妨げとなった。

02ヴィスビューにある聖ニコライ教会の廃墟。結婚式が行われている。

1525年、リューベックを主体とするハンザ都市連合は、海賊の一掃を目指して、ヴィスビューに攻め込む。ヴィスビューの町は焼かれ、家々はもちろん、教会も破壊された。

この時、唯一、破壊を免れた教会が、聖マリア教会だった。この教会は、ヴィスビューに寄港するドイツ船から寄付金を徴収して建立されたドイツ商人のための教会だったからである。1572年に大聖堂となったこの石造りの大きな教会は、先端部分が黒い方形の塔が前に1本、後ろに尖塔が2本ある特徴的な造りをしている。

聖マリア大聖堂以外のヴィスビューの輪壁の中にある中世の教会は、廃墟ではあるが、それらをめぐる「教会めぐり」は、ヴィスビュー観光の人気ルートとなっている。ちなみに、ヴィスビューのキャッチフレーズは、「バラと廃墟の町」である。

　キャッチフレーズ通り、家々の軒先に植えられたバラが美しく咲く輪壁の中の道をたどりながら、教会の廃墟を訪ねた。ところが、教会の廃墟は、どこも結婚式が行われており、関係者以外、中に入ることができない。考えてみれば、6月の土曜日の午後、まさに「ジューンブライド」の結婚シーズンである。結婚式が行われている教会の廃墟の1つ、聖ニコライ教会の外で、しばらく様子をみてみることにした。

　やがて、少したつと、式の参列者たちが外に現れ、続いて式を終えたばかりの新郎新婦が登場した。花嫁は、裾を長く引いたウエディングドレス姿である。幸せそうに微笑む2人に向けて、参列者たちが手にした色とりどりの花を投げかけた。風に乗って、かすかに花の香りがする。

　ヴィスビューの教会は石壁だけが残る廃墟となってしまっているが、やはり「教会の島」の「生きている」教会だといえそうである。

22 石の墓、石の砦

ゴットランド島は、古くからバルト海域の要衝の地であったことから、歴史的遺産が多い。ハンザ都市ヴィスビューや中世の教会のほか、青銅器時代や鉄器時代の遺跡が豊富にあることでも知られている。

紀元前１８００年頃から紀元前５００年頃まで続いた青銅器時代、ゴットランド島に住んでいた人々は、馬や羊などの家畜を飼い、農業を主体に暮らしていたと考えられている。また、一部の人々は、ゴットランド島の地の利を生かして、交易も行っていたらしい。

この青銅器時代の遺跡として有名なものの１つが、ウガルデ遺跡である。この遺跡は、ケルン、すなわち、山道などで石を積み上げて作る道しるべのように、多くの石を積み上げて作られた墓である。このようなケルン型の墓は、ゴットランド全島で１３００、

01ゴットランド島最大のケルン型墓。

そのうち大型のものは400あるとされる。ウガルデ遺跡にあるもっとも大きなケルンは、直径約45メートル、高さ約7メートルと、ゴットランド島最大の規模を誇る。

ウガルデ遺跡は、島南部にある農場の中に位置している。「農民－交易商」の石造りの家の跡と同じく、農場には柵が設けられ、柵をまたいで木製の階段が取り付けられている。階段を上り、柵を越えて、牛が放牧されている牧草地の傍らを抜け、ところどころ大きな牛糞が落ちている農場の中の道を少し進むと、右と左にそれぞれ数個ずつ、それらしき石の小山が見えてくる。1つ1つの石の大きさは、漬物石ぐらいといったところだろうか。

ただ、これらのケルンは、それほど大きくない。本命の大型ケルンは、さらに道を進んだところにある。あたりに何もない見晴らしのよい牧草地の中に、ひときわ大きく見える石の山がそれである。大王の墓のようだが、そうではなく、長い年月をかけて何人もの死者が葬られたものであるそうだ。『ゴットランド——バルト海の真珠——2000年におよぶバルト海地域の商業と文化の中心』[*1]に

＊1 Tore Gannholm, *Gotland: The Pearl of the Baltic Sea: Center of Commerce and Culture in the Baltic Sea Region for over 2000 Years*, Stavgard förlag, 2013.

よると、こうした大型ケルンは、航海者の指標としての役割も果たしていたという。現在は、牧草地のただ中にあるが、大型ケルンが作られた青銅器時代、ケルンのあるあたりは海岸沿いだったとされる。長い年月の間に、地殻の隆起によって、海だったところが陸地になってしまったのである。

驚いたことに、このウガルデ遺跡最大のケルンは、発掘といった科学的調査が行われたことがないそうだ。牧草地に咲く白や黄色の花々に囲まれ、大型ケルンの石の山の中で、死者たちは、永遠の眠りを乱されることなく、眠り続けているのである。

ゴットランド島のケルン型の墓は、やがて紀元前1100年頃から紀元前500年頃までの青銅器時代後期になると、形を変える。同じく石を使いながらも、舟をかたどった形になるのである。ゴットランド全島で、このような舟形の墓は、約350あるとされる。

島の北部にある「テュルヴァの墓」と呼ばれる遺跡は、そうした舟形墓の1つである。道路から少し入った静かな林の中にあるこの遺跡は、庭石のように石が整然と並べられ、先がすぼまり、中央部が膨らんだ舟の形になっている。特に、船尾の部分に立って見てみると、舟の形に作られた石組みの姿が、いっそうよくわかる。たとえていうならば、日本の禅寺の石庭にある石組みを舟の形にして大きくしたようなもの、といった趣きである。長さは18メートル、幅は5メートルあるそうだ。

この舟形墓は、その昔、ゴットランド島に上陸した最初の人物、テュルヴァの墓という伝承がある。中世に成立した歴史伝承物語ゴットランド・サガによれば、ゴットランド島は、かつて、魔力によって、夜になると水中から浮かび上がり、昼になると水中に没していた。テュルヴァが火を携えてゴットランド島に上陸したところ、島は沈まなくなった。テュルヴァは、死後、この舟形墓に埋葬されたという。1930年代にこの墓が発掘された際、盗掘された跡のある石棺が見つかり、中から火葬された骨と土器のかけらが出てきたとのことである。

こうした青銅器時代後期の墓がなぜ舟形をしているのかについては、諸説ある。1つは、宗教的意味合いという説である。前出の『ゴットランド――バルト海の真珠――2000年におよぶバルト海地域の商業と文化の中心』によると、青銅器時代、人々は、太陽を崇め、太陽が馬に引かれて空を移動し、夜には舟で東に戻ると考えていた。舟形の墓には、死者の遺体が舟によって暗い海を渡り、あの世へ運ばれるというう意味合いが込められていたというので

02 石が整然と並べられた舟形墓。

03 積石の壁が続く砦跡の入口。

ある。また、別の説では、舟の形は、昔から航海が盛んだったゴットランド島における交易や海運の重要性を表しているとされる。あるいは、もっと直接的に、葬られている死者が船乗りや船大工、交易に携わっていた人だったから、という説もある。いずれにせよ、古代ゴットランド島の人々は、何らかの思いを込めて、石を舟形に並べ、墓としたものと思われる。

青銅器時代に続き、ゴットランド島は、紀元前500年頃、新たな時代を迎える。紀元1050年頃まで続く鉄器時代である。この時代のゴットランド島は、必ずしも平穏ではなかったようだ。ウガルデ遺跡と「テュルヴァの墓」のちょうど中間あたり、島の中部にあるトルシュブルゲン遺跡は、そうした鉄器時代の砦の跡である。幹線道路からはずれ、野原の中の道を進んだところにあるこの砦は、68メートルある自然の高台を利用して造られたスウェーデン最大の丘陵砦といわれている。

砦にはいくつか入り口があり、入り口のところには、土を盛り上げ、積石で覆われた土手状の壁が残っている。積石の壁の長さは2キロ、土台部分は高さ7メートル、幅は20メートルある。

ここは、外敵への備えとしての砦であるとともに、危急の時には、ゴットランド島の住民すべてが逃げ込むシェルターとしても使われていたらしい。敵の襲来といった事態の時には、高台に狼煙がたかれ、それを合図に人々はこの砦に避難したと考えられている。実際、この砦には、敵の襲来を示唆する火災の痕跡がみられるそうだ。

一方、ゴットランド・サガには、こんな話が伝わっている。ゴットランド島は、かつて人口過剰になり、くじ引きで、3人に1人は、島を出ていかなければならないことになった。しかし、出ていくことになった人々は、それを拒み、この砦に移り住んだ。しばらくして、人々は、ついに砦からも追われ、島を後にした。そして、流浪の末、ダゲー島にたどり着いた。ダゲー島というのは、現在のエストニア・ヒーウマー島のことである。ゴットランド・サガは歴史伝承物語であり、本当にこうした「民族移動」があったのか確かではない。ただ、ゴットランド島とヒーウマー島との間には、何らかの関係があったことを物語るものなのかもしれない。

古代ゴットランド島の人々にシェルターを提供してきた砦だが、長い月日を経て、さしもの砦の壁も、ところどころ積石が崩れ落ちている。そうした積石の隙間から、生命力たくましく、数輪の白い花が空に向かって咲いていた。

23 海賊群像

数々のもので名高いゴットランド島で、「花形」といえば、やはりバイキングであろう。およそ800年頃から1100年頃にかけて活躍したバイキングは、一面では、襲撃と略奪を旨とする「海賊」であった。

ヴィスビューの歴史博物館には、古代、ゴットランド島で、墓域や道沿い、人が集まる場所などに建てられていた、ピクチャー・ストーンと呼ばれる絵柄が彫られた彩色石碑が展示されている。こうしたピクチャー・ストーンの絵柄は、キリスト教到来以前の古代スカンジナビアの信仰や神話と結びついているとされるが、博物館に展示されている中には、「海賊」バイキングの航海や戦闘の様子を彷彿とさせる絵柄のものがいくつかある。照明を落とした博物館のホールの中で、スポットライトを浴びて浮かび上がるピクチャー・ストーンに描かれているように、大型船で海を渡って上陸してきたバイキ

01 ヴィスビューの歴史博物館に展示されているピクチャー・ストーン。

ングが剣や槍を手に襲い掛かってきたら、さぞかし恐ろしかったに違いない。

だが、彼らは、また一面では「交易商」でもあった。その交易圏は、現在のロシアをはじめ広範囲に及んでいた。遠くアラビアやビザンチンからもたらされたコインなど大量の銀製品が、交易で得たバイキングの「秘宝」として、やはりヴィスビューの歴史博物館に展示されている。

「海賊」バイキングがキリスト教徒になったのは、11世紀頃とされる。以降、彼らは、「海賊－交易商」から「農民－交易商」へと変わっていく。後に、ヴィスビューにやってきた北ドイツの商人と対立することになる人々である。こうした「農民－交易商」が活動していた時代のゴットランド島は、「農民共和国」と表現されている。スウェーデン王との間で保護を受ける取り決めが交わされていたが、ゴットランド島は、スウェーデンの直接統治下にはなく、島に20ある地区の代表の合議によって治められていたからである。この「農民共和国」は、次第に衰退しながらも、最終的には、ゴットランド島がデンマークの直接統治下に置かれる16世紀前半まで存続する。

ゴットランド島全島から地区代表が集まり合議を行う場所は、島中央部に位置するロマというところであった。12世紀、その合議で、シトー修道会によるロマへの修道院建立が決定され、１１６４年、修道院が創設される。全島から地区代表が集まり合議を行う場所という、当時のゴットランド島の中心地であったロマに建設された石造りの修道院は、まさに「海賊」バイキングの時代が完全に過ぎ去ったことを象徴するものだったといえるだろう。

このロマのシトー修道会修道院は、ゴットランド島での活動のみならず、帯剣騎士団と深いつながりを持つなど、北方十字軍の活動にも大きく貢献した。元は、「海賊」バイキングが本拠地としていた島に建立された修道院が、バルト海東部の「海賊」として知られた現在のエストニア・サーレマー島などの「異教徒」の制圧に一役買った、ということになる。北方十字軍による制圧後、この修道院は、エストニアにも広大な領地を得る。

だが、やがて１５２０年代から１５３０年代にかけて、ゴットランド島に宗教改革が及ぶと、修道院は打ち捨てられ、荒廃した。残ったのは、修道院の分厚い石壁の一部だけである。その修道院の廃墟では、毎年夏になると、観光イベントとして、シェークスピア劇が上演される。ここを訪れた快晴の昼下がり、色とりどりの花が咲き乱れる廃墟では、シーズン開幕を控え、ちょうど劇の稽古が行われていた。アーチ型の美しい回廊部分にしつらえられた舞台で稽古する演者の声が、修道院の廃墟の石壁に、朗々と響き渡る。中世の時代、ここで行われていたミサでも、こんな風に修道士たちの声が石壁に響いていたのかもしれない。

ところで、ゴットランド島から「海賊」バイキングが姿を消した一方、ゴットランド島にやってきて「海賊」になった人物がいた。14世紀末から15世紀前半にかけて、ノルウェー王、デンマーク王、スウェーデン王であり、カルマル連合という3王国連合の王であったエーリク・ア・ポンメルンである。彼は、王時代、対外的には、バルト海の入口であるエーアソン海峡を航行する船から通行税を徴収したことをめぐって、ハンザ都市連合と敵対した。また対内的には、領国での課税を強化したことによって、領民の反発をかった。このような王に対し、まずスウェーデンで反乱が起き、次いでノルウェーでも反乱の火の手が上がった。そしてついに1439年、エーリクは廃位させられてしまう。

02 エーリク・ア・ポンメルン。

廃位させられたエーリク・ア・ポンメルンは、ゴットランド島ヴィスビューに住み着いた。彼は、ヴィスビューの町の南端に自らが王時代に築造したヴィスボリ城を根拠地として、海賊団を組織し、その首領となったのである。

昔の絵図で見ると、海賊となった元王の城は、石壁で囲まれ、いくつもの塔を備えた波打ち際にそそり立つ堅固な城だったようだ。城があったあたりは、今はほとんどその痕跡をとどめておらず、住宅街になっている。住宅街の傍らに残る、半ば崩れ落ちた輪壁の上にあがり、城があったあたりを眺めてみた。オレンジ色や灰色の家々の屋根が連なる向こうに、青い海が見え、足元の民家の玄関先には、満開の薄ピンク色の花がこぼれんばかりに咲いている。元王の海賊がかつて根城としていたところだったとは思えない、のどかな風景が広がっていた。

エーリク・ア・ポンメルンの海賊活動は、リューベックをはじめとするハンザ都市連合によるバルト海域交易に大きな損害をもたらした。王時代、敵対したハンザ都市連合に、「海賊」となって煮え湯を飲ませた元王としては、してやったりといった心境だったろう。

しかし、元王の海賊活動は、10数年しか続かなかった。数度にわたりスウェーデン軍の攻撃を受けた元王は、デンマークに城を明け渡し、ゴットランド島を去る。最後は、出身家であるポンメルン公家の領地だった、バルト7島の1つリューゲン島で死去した。

ただし、元王の海賊はいなくなったが、それでゴットランド島

03

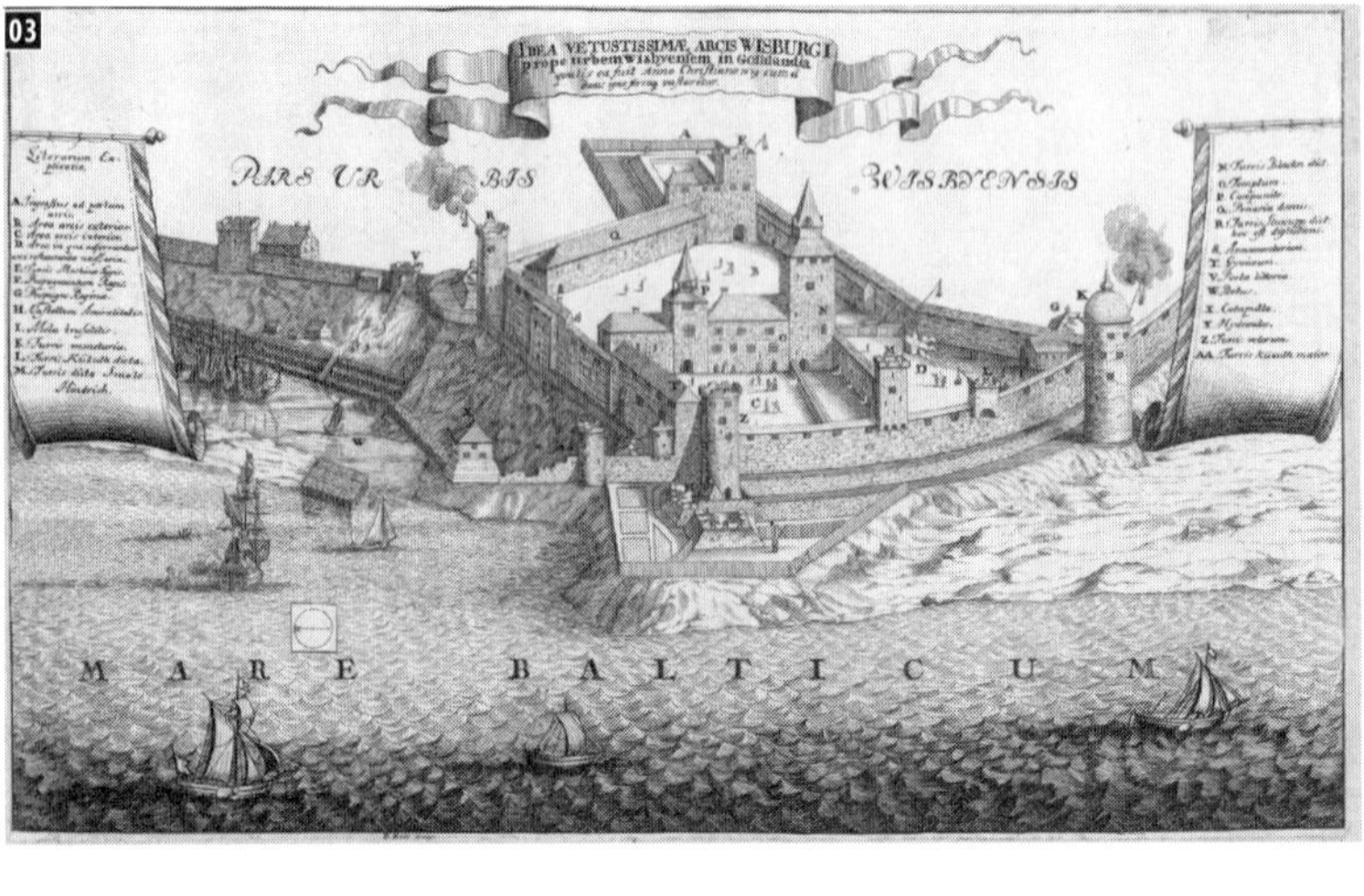

から「海賊」が根絶されたわけではなかった。1517年、デンマーク王クリスチャン2世からゴットランド島を与えられたセーアン・ナアビュー司令官が、新たにヴィスボリ城の主となる。それから数年後、デンマークは、カルマル連合を離脱して独立しようとするスウェーデンと戦っていた。この時、ゴットランド島のナアビュー司令官は、スウェーデン軍のみならず、スウェーデンに味方するハンザ都市連合の船を襲うという、「海賊活動」を展開したのである。

ゴットランド島の「海賊」に手を焼いたハンザ都市連合は、実力行使に出る。それが、前にも触れた1525年のヴィスビュー攻撃だった。ヴィスビューの町は壊滅的な被害を受け、多くの建物が瓦礫と化した。

だが、分厚い石壁で守られたヴィスボリ城は陥落しなかった。城が破壊されたのは、それから100年以上後の1679年のことである。ゴットランド島は、1645年にスウェーデン領となっていたが、1676年にデンマーク軍が侵攻、講和条約によって、デンマーク軍が撤退する際、城を爆破していったのである。難攻不落を誇った城の残骸から運びだされた石は、石灰に再加工され、スウェーデンの首都ストックホルムの王宮建設に使われたという。「海賊」たちの夢の跡から運びだされた石の輪廻転生、とでもいえるだろうか。

03ヴィスボリ城。
（出所：*Eric Dahlberg, Suecia antiqua et hodierna*, 1693.）

24 船出した人々

ゴットランド島のすぐ北に、フォーレー島という小ぶりな島がある。行政区分でいえば、ゴットランド県に属するこの島には、冷戦時代、スウェーデンの軍事施設が設けられ、スウェーデン市民以外は立ち入りが禁止されていた。今は、ほとんどの軍事施設が閉鎖され、外国人でも自由に島を訪れることができる。

フォーレー島へ行くには、ゴットランド島北部の港から、ケーブルフェリーを利用する。オーランド諸島でも活躍していた簡易型の渡船である。もちろん、オーランド諸島と同じく、車も人も料金は無料である。

ケーブルフェリーに乗ると、ものの5分足らずで、フォーレー島に到着する。人口600人弱のこの島を、ある意味、世界的に有名にしたのは、『野いちご』や『秋のソナタ』などの作品で知られるスウェーデンの映画監督イングマール・ベルイマンである。

彼は、1960年に、映画のロケハンで初めてこの島を訪れ、その風景に魅了された。特に彼を惹きつけたのは、ラウクと呼ばれる、ゴツゴツした岩が海岸に立ち並ぶフォーレー島の風景だった。ラウクとは、数千年前に、岩礁が長い歳月にわたって海水に浸食された後に残った石灰岩のことである。ベルイマンは、このラウクの島で、7本の映画を撮ったばかりでなく、家を買い、晩年は定住し、最後はここで亡くなった。墓所もこの島にある。

島には、近年オープンしたベルイマン・センターという記念施設がある。元学校だったという建物には、それほど多くはないが見ごたえのある展示がなされており、ベルイマン・ファンにとっては必見の場所といえるだろう。

ベルイマン・センターの中には、フォーレー島の博物館も同居している。島の歴史や生活文化を伝える、これも小さいながら見ごたえのある展示の中に、フォーレー島からの移民に関するコーナーがある。19世紀末、この島からは、およそ5人に1人が海を渡り、アメリカをはじ

01 映画監督ベイルマンの記念施設と同居するフォーレー博物館。

めとする諸外国に移住したという。当時、北欧諸国では人口が大幅に増加し、人口圧力にさらされた農村部の住民を中心に、新大陸への移民が一種のブームになっていた。展示されている移住者の出身地区を表したゴットランド県の地図を見ると、フォーレー島、そしてゴットランド島の東海岸の地区からの移住者が多い。生活環境の厳しさが、おそらく背景にあったものと思われる。『ゴットランド――過去と現在』によれば、19世紀、ゴットランド島は、3万人から5万3000人へと人口が増える一方で、1万2000人の島民が国外へ移住したとされる。

同じコーナーには、スウェーデン・アメリカ・ラインという、スウェーデン本土のイェーテボリからニューヨーク、カナダへ直行する船便のポスターも展示されている。海を行く大型船とともにニューヨークらしき摩天楼が描かれたポスターを見て、島の人々は新天地への移住という船出の夢を膨らませたことだろう。

ゴットランド島は、船出した人々を見送ったばかりでなく、船出した人々を迎え入れもした。第2次世界大戦末期、ソ連による再占領を前に、エストニアやラトビアから脱出した多くの避難民が、船でバルト海を渡り、ゴットランド島を目指した。バルト海の中央部に位置しているゴットランド島は、これらの国々から比較的近い距離にある、「中立政策」をとるスウェーデンの領土だったからである。

ゴットランド島にたどり着いた避難民たちは、スウェーデン政府による登録手続きの後、学校などに設けられた避難所に収容された。エストニア・サーレマー島のクレサーレ城内にある博物館を訪れた折、こうしたゴットランド島の避難民たちの様子を撮影した写真が展示されているのを見たことがある。そのうちの1枚は、1944年10月に、ヴィスビューの教員養成学校を会場に、避難民たちが地元住民に向けて音楽コンサートを開いた時の様子を写したものだった。決して楽とはいえない避難所生活の中でも、束の間、心豊かなひとときを持とうとした彼らの心情が窺える。

ゴットランド島の避難所に収容された人々は、やがて、スウェーデン本土、あるいはまた、かつてのフォーレー島やゴットランド島の住民と同じく、海を渡りアメリカやカナダへと移り住んでいった。ただ、中には、そのままゴットランド島に定住した人もいたらしい。ゴットランド県庁で国際関係部門を担当し、現在はジャーナリストとして活動するUさんに聞いたところ、子供の頃、同じ学校に、父親が地元の人、母親が元避難民のエストニア人だった児童が数人いたということである。元避難民は、男性の場合、多くはゴットランド島を後にしたが、女性の場合は、地元民と結婚して、島に根付いた人もいるのだそうだ。

バルト海を渡ってきた避難民にとって、多くの場合、ゴットランド島最初の上陸地点となったのは、島の東海岸だった。このあたりは、19世紀末に、新大陸へと船出していった人々を多く送り出した地区でもある。

ヴィスビューほど大きな町がない東海岸は、海が広がる静かな場所である。初夏ともなれば、海岸に野生の黄色いミモザの花が咲く。空の青とミモザの花の黄色の取り合わせは、スウェーデンの国旗を連想させる。戦乱から逃れ海を越えてここに上陸した避難民たちは、ようやくスウェーデンの地にたどり着いたとはいえ、これから先どのような運命が待ち受けているのか不安だったことは想像に難くない。

「船出」は、現代のヴィスビューの町でも見ることができる。ある夕方、ヴィスビューの通りに出ると、何やら大きな音が聞こえてきた。やがて、大型トラクターに引かれ、布やテープ、豆電球、イラストや写真など様々な装飾で飾り立てられたトラックの荷台がやってきた。荷台からは、ビートのきいた大音量の音楽が流れ、頭に学生帽をかぶったティーンエージャーの女の子たちが荷台の上で踊ったり、手を振ったり、叫んだりしている。すると、別の方向からも、音楽を流した装飾トラックがやってきた。こちらには、男の子たちも乗っている。そして、ロータリーの向こう側にも、また別の装飾トラックが現われた。どうやら、それぞれ趣向を凝らした装飾トラックが、少なくとも12～13台は町を周回しているようだ。

その日は、スウェーデンが１５２３年にカル

02卒業を祝ってパレードする若者たち。

マル連合から離脱し、独立したことを記念するナショナルデーの前日だった。後で聞いたところによると、スウェーデン各地では、ナショナルデーの前夜、学校を卒業したばかりの生徒たちが、こうして装飾トラックに乗って町をパレードするのが、ここ数年の慣わしだそうだ。ただし、新たな人生の船出の時を迎えたゴットランド島の若者たちを乗せた装飾トラックは、残念ながら、ヴィスビューの輪壁の中には乗り入れることができない。輪壁の外側をぐるぐると何十周となく回っている。若者たちのパレードは、真夜中まで続いたようだ。

翌日、ヴィスビューの輪壁にそびえる石造りの塔の上には、それまで掲げられていた白地に赤い羊が描かれたゴットランドの旗にかわって、青地に黄色い十字のスウェーデン国旗が翻っていた。国境を越えて、この島から、そしてこの島へ船出していった人々のことを思い起こさずにはいられなかった。

コラム
4

よみがえった鉄道

ゴットランド島中央部に、ダレムという村がある。普段は静かなこの村は、夏になると、観光客でひときわにぎわう。この村を起点に、島で唯一の鉄道が運行されるからだ。

ただし鉄道とはいっても観光用のもので、ゴットランド島のかつての中心地だったロマの終点まで片道30分程、運行距離も6・5キロと短い。だが、使われている蒸気機関車や客車は年代物で、短い時間ながら、往時の鉄道体験を味わうことができる。乗車するばかりでなく、蒸気機関車と一緒に記念撮影をしたり、駅舎でグッズを買い求めたりなど、特に、親子連れには人気の鉄道だ。リューゲン島でも、19世紀に開業した鉄道が観光客の人気を集めているが（第39章参照）、ゴットランド島の鉄道も、貴重な観光資源となっている。

ゴットランド島に初めて鉄道が敷設されたのは1878年、リューゲン島の鉄道開設に先立つこと17年前である。リューゲン島の鉄道が主に各リゾート地を結ぶ役割を担っていたのに対し、ゴットランド島の鉄道は、地元の産業と結びついていた。たとえば、ロマでは製糖業が盛んであり、サトウダイコンや砂糖が鉄道によって運搬された。鉄道は、やがて延伸、新設され、島の四方に展開していく。

だが、第2次世界大戦後、自動車の普及によって、ゴットランド島の鉄道は衰退し、ついに1960年、全線が廃止される（ちなみに、同じく鉄道が走っていたボーンホルム島でも、1952年に鉄道が廃止されている。第34章参照）。レールは撤去され、地元自治体に寄贈された蒸気機関車や客車などは、ロマの元駅舎の傍らに展示された。やがて月日がたち、荒れるに任せボロボロになった客車等を撤去する方針を行政側が発表すると、地元住民の中から保存運動が起こる。1972年、地元住民は、ゴットランド鉄道

ダレム駅に停車中の蒸気機関車。

協会を立ち上げ、自ら鉄道の保存、復活に乗り出した。拠点には元駅舎などの保存状態がよかった冒頭のダレムを定めたが、肝心のレールはすでに撤去されている。そこで、周辺の土地を買い取り、レールを敷きなおし、蒸気機関車や客車を修理し、元駅舎を修復して、鉄道復活にこぎつけた。ダレムの駅舎の向かいにある鉄道博物館では、こうしたゴットランド島の鉄道の歴史について知ることができる。

ダレム駅では、蒸気機関車が戻ってくると、乗員の男性が丁寧に手入れを行う。一方、駅舎では、年配の女性が切符やグッズを売ったり、乗車案内をしたり、にこやかに乗客に応対している。その様子からは、いずれもこの鉄道に寄せる地元の人々の深い愛着が感じられる。ゴットランド島の鉄道は、まさに地元住民の思いに支えられてよみがえることができたといえるだろう。

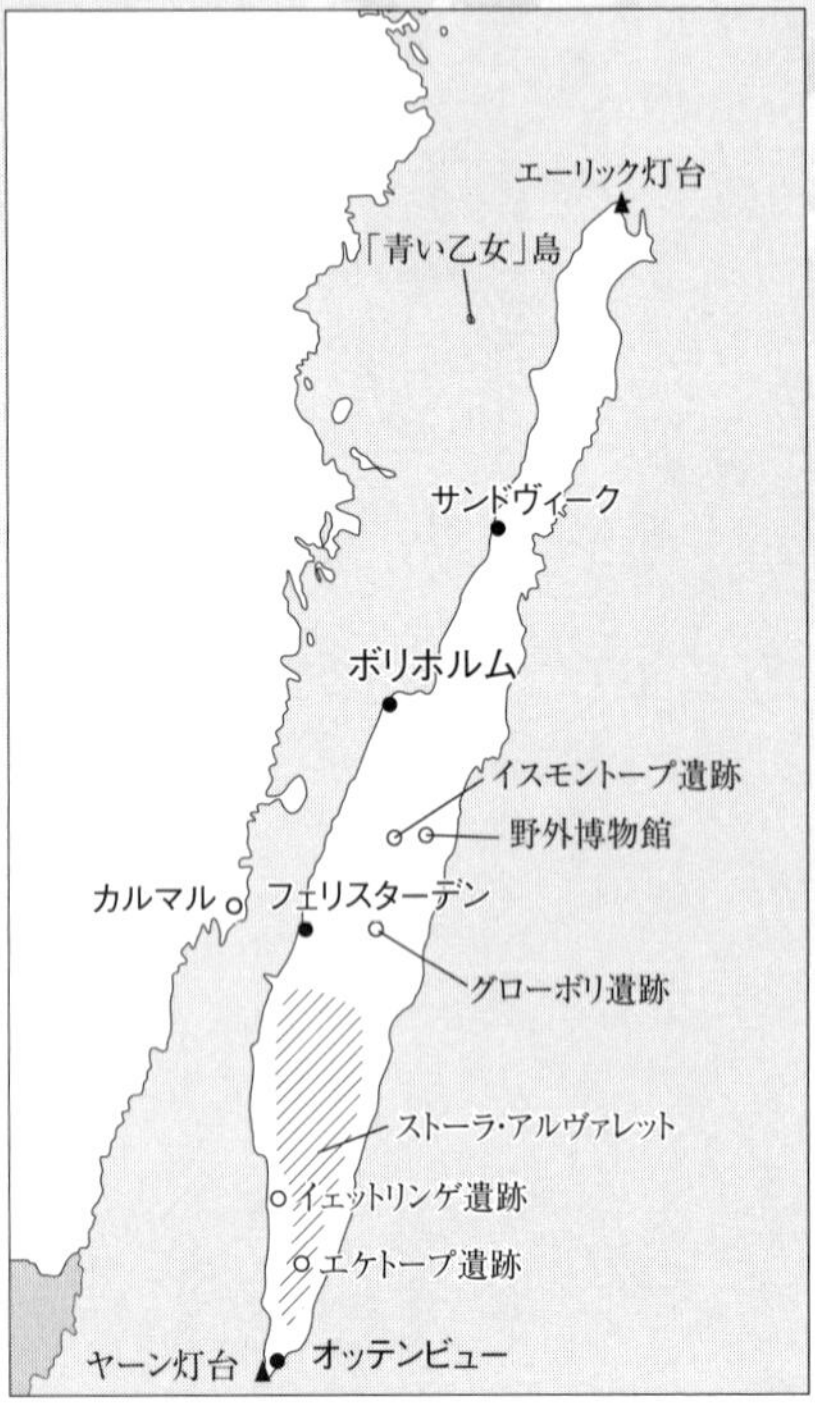

エーランド島：Öland

スウェーデン王国

人口：約 25,300 人（2015 年）

面積：1,342 平方キロメートル

中心都市：ボリホルム

第Ⅵ部

エーランド島——陽光の島

25 城を造った王たち

エーランド島は、ゴットランド島と同じくスウェーデン領である。エーランド島は、バルト7島の中で、ドイツのリューゲン島とともに、橋で本土と結ばれた島である。本土の町カルマルとの間に架かる1972年に竣工したエーランド橋は、約6キロという長さを誇る。

エーランド島に向かうには、この橋を渡る。ただし、ゴットランド島から回る場合は、いささか不便だ。まず、ゴットランド島ヴィスビューからスウェーデン本土のオスカルスハムンまで3時間程フェリーに乗り、それから陸路を南下して、カルマルに行き、橋を渡る。隣の島とはいえ、ゴットランド島からエーランド島へは、逆コの字型のルートをたどることになる。

カルマルとの間に架かるエーランド橋は、下を船が通れるよう、最初は海面からかなり高く、そしてだんだんと低くなり、最後は海面近くまでおり、エーランド島に到着する。つまり、それだけ平らな島ということである。

エーランド島は、ゴットランド島と並んで、スウェーデンきってのリゾート・アイランドである。特に、夏場の日照時間が長いことをセールスポイントにしており、観光パンフレットには、「スウェーデンでいちばん陽光あふれるところ」とある。冬の長い国ならではのキャッチフレーズであろう。

この島は、長さ137キロ、幅16キロと、フランスパンのバゲットのように、南北に細長い形をしている。橋が架かっているのは、北から見て、おおよそ島の3分の2ぐらいの地点である。島の中心地といえる人口約3000人のボリホルムの町は、橋を北上したところにある。

道を進んでいくと、ボリホルムの町にさしかかる手前で広々とした野原が開け、かなたに忽然と古城が現れる。ボリホルム城である。当初、12世紀後半に砦として築かれたこの城は、その後、何度か造り直された後、1806年に火災で焼失した。今、残っているのは、石の外壁のみの城の廃墟である。

城跡に行くには、正面から行くルートと裏側から行くルートがある。裏側からのルートは、自然保護区の中を通る遊歩道になっている。遊歩道をたどり、森の中を抜け、丘を登ると、城の後ろ側から回り込む形で、城跡の正面に出る。

中世時代のボリホルム城をルネッサンス様式の城として造り変えたのは、スウェーデ

01ボリホルム城。現在は外壁のみが残る廃墟となっている。

ン国王ヨハン3世である。オーランド諸島の部（第Ⅳ部）でも触れたが、彼は、スウェーデンをカルマル連合から離脱させ独立に導いたグスタヴ・ヴァーサ王の息子として、１５３７年に生まれた。父王の死後、王位を継いだ異母兄のエーリック14世によって家族ともども幽閉された末、反乱を起こし、１５６９年、エーリック14世を廃位に追い込み、王座に就いた。

　だが、王座に就いたとはいえ、ヨハン3世の周りには問題が山積していた。当時、スウェーデンはデンマークと戦っており、一方、国内では、彼の妻である王妃がポーランド出身のカトリック教徒だったことから、プロテスタントであるスウェーデン人の間に、王によるカトリック保護への警戒感が広がっていた。

　そうした内憂外患の状況の中で、彼が進めたのが、築城だった。これは、軍事的な目的という以上に、王の趣味的な意味合いのほうが強かったといえる。イタリア・ルネッサンス様式の宮殿を好んだヨハン3世は、スウェーデン各地に、この様式の城を造らせた。ボリホルム城も、そうした城の1つである。この城の建造には、エーランド島民のみならず、スウェーデン本土スモーランドからの労働者やドイツ人の徒弟、ロシア人の捕虜、フラマン人の石工などが従事したという。

現在は、城址は、観光史跡となっている城の入り口付近には、観光客や遠足の子供たちが大勢いたが、城址の中に入り、廃墟の建物部分に上がると、うそのように誰もいない。『カルマル』[*1]という本の中で、ヨハン3世による戦争と築城によって、著しいインフレとなり、多くの人々が困窮したと記されている。心休まる暇がなかったこの王にとって、城造りに没頭している時だけが現実を忘れることができたのかもしれない。

エーランド島は、ゴットランド島同様、その地理的位置から、しばしばスウェーデンとデンマークによる領土争いの渦中に置かれてきた。特に17世紀になると、両国の争いは激しさを増し、ボリホルム城も、攻め寄せたデンマーク軍の砲撃によって、大きな被害を受けた。この城が、今度はバロック様式の城へと姿を変えて造り直されることになったのは、17世紀半ばのカール10世グスタヴの時代である。

カール10世グスタヴについては、従妹であるクリスティーナの存在を抜きに語ることはできない。クリスティーナは、父であるグスタヴ2世アドルフが30年戦争で戦死したことにともなって王位を継ぎ、スウェーデンの女王となった。クリスティーナとカール10世グスタヴは、カール10世グスタヴの母のもとで共に育てられ、将来、結婚するもの

＊1 Anders Johansson, *Kalmar*, Ängö Bok & Bild, 2008.

02 カール10世グスタヴ。

と目されていた。だが、１６４９年、クリスティーナは、誰とも結婚しないことを宣言し、カール10世グスタヴを自らの後継者と定めた。カール10世グスタヴは、こうしてスウェーデンの次期国王となったのである。

30年戦争に参戦していたカール10世グスタヴは、戦争が終わると、１６５１年、領地として与えられていたエーランド島に移り住んだ。クリスティーナ女王が退位し、自らが正式に国王として即位するまでの3年ほどをボリホルム城で過ごしたことになる。エーランド島時代、カール10世グスタヴは、貧しい農民に対し、種や土地を買う金を貸し与えたりするなど援助を行ったとされる。その一方、彼は、この島で多くの女性と浮名を流したらしい。王になるまでの束の間の自由な時間だったといえるだろう。

即位してからのカール10世グスタヴは、戦争に明け暮れた。中でも名高いのは、１６５８年のコペンハーゲン襲撃である。当時、スウェーデンは、ポーランドと戦っていたが、その最中にデンマークから宣戦布告を受けた。カール10世グスタヴは、氷結したバルト海を渡ってデンマークの首都コペンハーゲンを襲撃し、勝利を収めた。この時、結ばれた講和条約であるロスキレ条約によって、スウェーデンは、デンマークからスカンジナビア半島南部のスコーネ地方をはじめ、ボーンホルム島など、新たな領地を獲得する。30年戦争の講和条約であるウェストファリア条約で、スウェーデンは、リューゲン島を手中に収めていたので、これでバルト7島は、すべてがスウェーデンの版図となったのである。

だが、スウェーデンが最大の版図を得たことは、エーランド島の位置づけを変えることになった。スウェーデンとデンマークの国境が南に移ったことにより、エーランド島は、もはや両国の領土争いの場ではなくなったのである。カール10世グスタヴが「バルト帝国」としてのスウェーデンの黄金時代を築き上げたその時に、ボリホルム城は、その存在価値を失った。相次ぐ戦争のため資金が不足し、しばしば工事が中断していたボリホルム城は、まだ完成にも至っていなかった。カール10世グスタヴが、講和条約を破ってデンマークに戦争を仕掛け、その最中に急死するのは、それからほどない1660年のことである。

26 北と南

エーランド島の観光地図を眺めていて、妙なことが気になった。観光地図は、島の観光案内所で入手したものだが、島の北半分と南半分とが、別々の地図になっている。つまり、1つの島が2枚の地図に分かれているのである。確かに、エーランド島は細長い島だが、観光客にとってみれば、1枚ものの地図のほうが、はるかに見やすいはずだ。

その理由の1つは、エーランド島の南部が、ユネスコの世界遺産に登録されているせいなのかもしれない。島の南部の農業景観は、2000年に、石器時代から続く「生きた文化的景観」としてユネスコの世界遺産になった。そのため、島の南半分だけの特別な地図が必要とされたのだろう。

だが、エーランド島経済開発局に勤めていたJさんと話していて、おぼろげながら、理由はどうもそれだけではないように思えてきた。Jさんによれば、ボリホルムや島の北部は、緩やかに人口が減少しているという。「フェリスターデンのような魅力的な町がないから」と語るJさんの言葉には、かすかに屈託が感じられた。

フェリスターデン、すなわちフェリータウンは、島とスウェーデン本土の町カルマルとを結ぶエーランド橋のたもとにある町である。地図でいえば島の南半分に位置するこの町は、文字通り、1970年代にエーランド橋が架かるまで、島と本土とを結ぶフェリーの発着場所になっていた。橋が架かると、フェリーの発着場所としての役目は失われたが、橋で直結されたことによって、町はカルマルの近郊として位置づけられるようになった。フェリスターデンに住み、橋を渡ってカルマルに通勤することも可能になったのである。人口も、ボリホルムより多い、約5000人を数える。

フェリスターデンには、近代的なショッピングモールや大型のガソリンスタンド、それに動物園やプールを備えた遊園地まである。フェリー乗り場だった埠頭の周辺は整備され、洒落たレストランやアイスクリーム・ショップ、雑貨店などが並ぶスポットとなっており、陽光と潮風を浴びてオープン

01 元は、カルマルへのフェリー発着場所だったフェリスターデン。

テラスで食事をする人や散歩をする人で賑わっている。

　それに対して、エーランド橋から約20キロ北にあるボリホルムは、やや一昔前の雰囲気が漂う町である。教会と広場を中心に町が碁盤の目状に広がっており、歩行者天国となっている商店街には、小ぢんまりとした店が軒を連ねている。観光客にとっては、のどかな雰囲気が楽しめるが、住む人、とりわけ若い家族にとっては、南のフェリスターデンのほうが魅力的なのだろう。どうやら、エーランド島の北部と南部の間には境界線が存在しており、それが2枚の地図に分かれていることにも関係していそうである。

　ただ、最大でも幅16キロしかない細長いエーランド島は、北部でも南部でも、広大な農地に恵まれているとはいいがたい。さらに、エーランド島には、耕作には不向きな石灰岩基盤の痩せた土地が点在しており、特に南部の中央にあるストーラ・アルヴァレットという石灰岩基盤の平原は、島の約5分の1の面積を占め、この種のものとしては世界でも有数の2万6000ヘクタールの広さに及ぶ。

　石灰岩基盤の痩せた土地であるにもかかわらず、このストーラ・アルヴァレットには、古くから人の手が加わってきた。人口が増加し、使える土地が少なくなった紀元前の青銅器時代、人々は、ここを放牧や薪の調達場所として開拓した。元々、痩せた土地であるストーラ・アルヴァレットは、こうしてますます痩せ細っていった。いよいよ土地が痩せ細り使えなくなると、人々は、それまで住んでいた場所を捨てて、よそへ移ったらしい。

02 ユネスコ世界遺産となっているストーラ・アルヴァレット。

＊1　Thorsten Jansson, *Welcome to Stora Alvaret*, The Kalmar County Administrative Board, 1999.

＊2　Thorsten Jansson, *Öland*, Ängö Bok & Bild, 2009.

人口の増加によるストーラ・アルヴァレットの過度の開拓、それによる土地の疲弊、そして人々の移住というサイクルは、その後、数千年にわたって繰り返された。『ストーラ・アルヴァレットへようこそ』[*1]という小冊子には、18世紀のそうした事例が紹介されている。当時、エーランド島は、人口が増加し、土地も雇用もない貧しい人々は、ストーラ・アルヴァレットの痩せた土地での開拓に生きるすべを求めるしかなかった。そうした人々によってストーラ・アルヴァレットのただ中に村が作られたが、結局、19世紀末には、痩せた土地での苦しい生活に見切りをつけた人々の離村が相次ぎ、村は廃村になった。『エーランド』[*2]という別の本によれば、1881年から1907年にかけて、エーランド島から実に人口の約3分の1が島外に移住したとされる。

太古の昔からエーランド島の人々の生活と深く関わってきたストーラ・アルヴァレットを見るには、丘の上に登るのがいちばんだ。ストーラ・アルヴァレットを含めた島の南半分は、ユネスコの世界遺産となっているエリアである。

丘の上から眺めると、海側には、緑々した畑が広がっているのが見える。一方、内陸側には、岩と草からなるガラガラとし

02

たストーラ・アルヴァレットの平原が広がっている。鮮やかなコントラストを描くエーランド島南部のこの景観が、人と自然が織りなしてきた「生きた文化的景観」としてユネスコの世界遺産となったのも頷ける眺めだ。

厳しい自然環境の中で生活してきたという点においては、エーランド島北部も、南部と変わらない。北部に暮らす人々は、痩せた土地での農業のかたわら、生活の糧を石灰岩の切り出しに求めた。石灰岩は「エーランド大理石」として知られ、すでに中世の頃から、修道院や教会の建築資材として、スウェーデン本土やドイツなどに搬出されていたという。

スウェーデンがカルマル連合から離脱して独立を果たすと、エーランド島北部には、王室の採石加工場が設けられた。ボリホルム城はもちろんのこと、カルマルやストックホルムの城にも、ここから切り出された石灰岩が使われたとされる。また、王室用ばかりでなく、人々は、自ら切り出し加工した石灰岩を舟に乗せ、島外に直接、売りに出た。

だが、こうした島民自らによる「交易航海」は、しばしば王命によって厳しく制限される。1640年、エーランド島から切り出された石灰岩は、すべて対岸にある本土のカルマルに送らなければならないと定められた。島民は「交易航海」によって、直接、石灰岩を売ることができなくなったのである。かわって、エーランド島産の石灰岩取引を一手に収めたカルマルの商人たちが利益を上げることになった。スウェーデンが「バルト帝国」となった17世紀後半、エーランド島産の石灰岩は各地に輸出され、遠くロン

03「エーランド大理石」と呼ばれる石灰岩でつくられたエーリック灯台。

ドンのセント・ポール寺院の建築資材としても使われたそうである。

一方、この頃、石工を主な生業としていた島北部の村人たちは、切り出した石灰岩を舟でカルマル港に運搬する役務に追われた。『エーランド石灰岩』＊3という小冊子によると、農場の管理などの重労働は、村に残された女性たちが担ったとされる。自由交易を認める勅許がボリホルムに下されるのは、ようやく1816年になってのことである。

それから約30年後、エーランド島北端の小島に、灯台が建設された。「のっぽのエーリック」というニックネームで呼ばれるこの灯台には、エーランド島産の石灰岩が使われている。陽光の中で、「エーランド大理石」の灯台が白く輝いているさまは、島の厳しい自然とそこで暮らしてきた人々の営みを忘れさせるかのようなのどかな風情を醸し出している。

＊3 Anders Nilson, *Öland Limestone*, Borgholm Castle.

27 遺跡三態

エーランド島は、ゴットランド島同様、古代、バルト海域の交易拠点の1つだった。それを示すものとして、300枚近い古代ローマの金貨がエーランド島で発見されている。これらの金貨は、主に現在のハンガリーやドイツを経由して、エーランド島に持ち込まれたとみられている。ゴットランド島でもそうだが、こうした金貨は、多くの場合、土中に埋められた状態で発見された。『ゴットランド――バルト海の真珠――2000年におよぶバルト海地域の商業と文化の中心』によれば、金貨が埋められたのは、比較的限られた期間のことであり、エーランド島の場合は、紀元450年から490年にかけての間とされる。

なぜ、40年ほどの限られた期間に、これだけの数の金貨が埋められたのか、正確な理由はわかっていない。ヨーロッパ全体を揺るがしたゲルマン民族の大移動と関連して、エーランド島も不安定な状況となり、紛争が起きたため、人々は財宝を埋め隠したのではないか、ともいわれている。前出の本の中では、エーランド島は、そうした不安定な状況による影響が大きかったため、その後何百年もの間、発展が妨げられたといった趣旨のことが述べられている。エーランド島の人々は、紛争と混乱が長引いたことによって、土中に隠した財宝を掘り返すことができず、そして数百年が過ぎるうちに、埋め隠された財宝のことをすっかり忘れてしまったのかもしれない。

この時代のエーランド島を物語るものに、20近い当時の砦跡がある。砦は、環状の石壁で囲まれている。石壁に用いられているのは、いうまでもなく、島の石灰岩である。

イスモントープ遺跡は、エーランド島中部にある、そうした砦の跡である。この砦は、3世紀頃に築造され、その後、断続的に5～6世紀頃まで使われたとされる。エーランド島の砦跡の中で、おそらく年代的にはいちばん古いものと考えられている。

01 累々たる石組みだけが残る砦遺跡。

遺跡は森の中にある。森の中の小道をたどっていくと、やがて、ぽっかりと野原が開け、遺跡が現われる。

それにしても不思議な光景である。人工物が他に何もない森の中に、石垣のような壁が延々と伸びている。石壁の長さは、およそ300メートルあるそうだ。さらに、石壁の中も不思議な光景である。足元の地面には、数個の石を積み上げた石組みが、あたり一面、広がっている。これは、家の土台跡で、大小取り混ぜ、90ほどが確認されている。12のブロックに分かれて配置されているこれらの家々は、9つある石壁の入り口にすべて通じる網の目状の道や小路に沿って建てられているという。また、砦の中央には、広場があったとされる。

ただ、実際に遺跡の中にいると、そうした幾何学的な砦全体のデザインはわかりづらい。家々の土台だった石組みが、石壁の中に累々と広がっているということしかつかめない。後日、この遺跡を空撮した絵ハガキを見て初めて、円形の石壁の中に、放射線状に整然と石組みが並んでいる様子がよくわかった。

この遺跡は砦とされるが、その割には9つも入り口があるなど、防御という点からは不可思議なところも多い。一説には、砦であるとともに、神殿としての機能も果たしていたのではないかといわれている。謎めいて、また歴史的価値も高い遺跡ではあるが、出入りは自由であるし、石組みの上に乗っても構わないようだ。観光客の中には、石組みに腰かけて休んでいる人もいる。もちろん遺跡として保護、管理されているのだが、あからさまに人の手は加えず、自然なありようで公開されているのである。

エーランド島南部には、エケトープという遺跡がある。この遺跡は、石灰岩基盤の平原であるストーラ・アルヴァレットの中に位置している。元々は5世紀頃に築造された

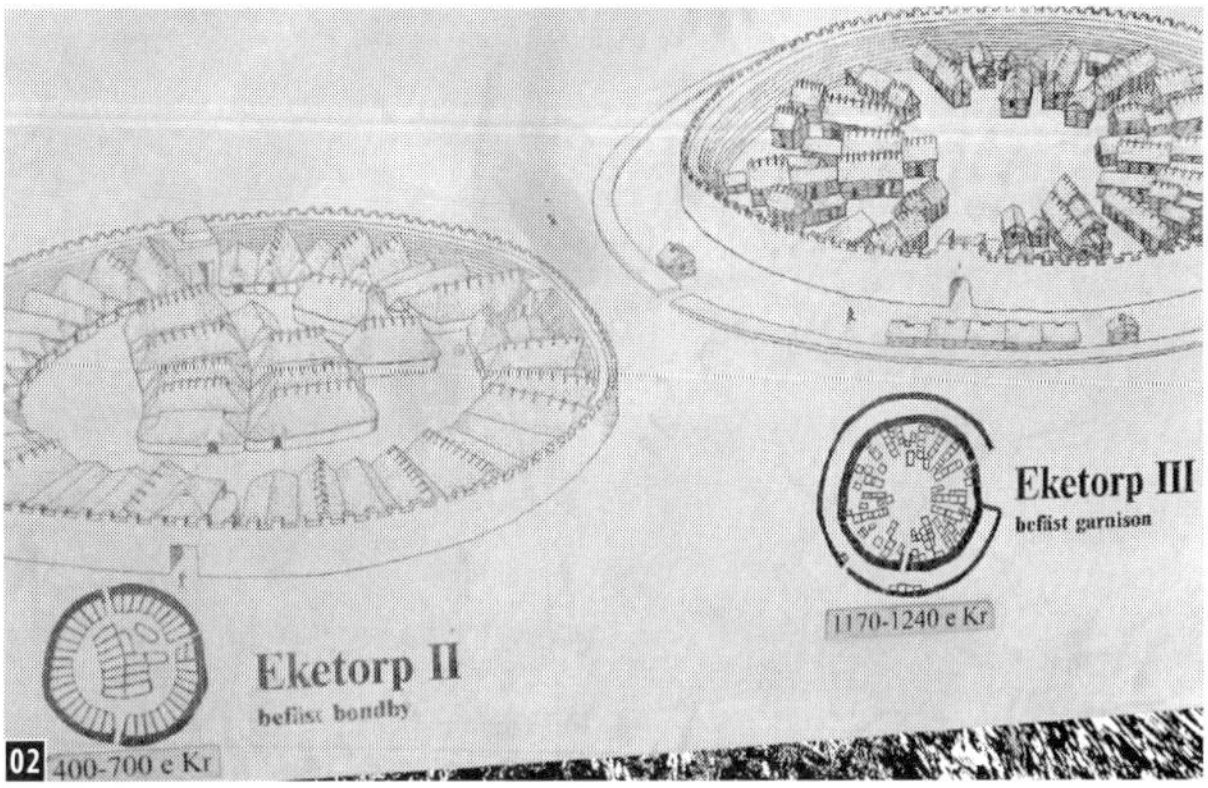

砦だが、6世紀頃に、環状の石壁が一回り大きなものに造り直されるなど改築された。7世紀後半になると使われなくなるが、12世紀後半に、再び使われるようになり、この時、環状の石壁の外側に、もう一重、やや低い石壁が築かれた。そしてさらに、はるか下って1960年代から1970年代にかけて、発掘調査が行われ、それに基づき、砦が復元された。エーランド島に残っている砦跡で、復元されたのは、ここだけである。

遺跡に向かって平原の中を進んでいくと、まるで石の王冠のような堂々たる環状の壁が現れる。復元された砦である。確かに、これだと頑丈な石壁でぐるりと取り囲まれた砦の様子がよくわかる。ただ、石壁に足場が組まれ、重機を使って修復作業が行われていると、若干、工事現場のような風情がしなくもない。

02 往時の砦の想像図を記した案内板。

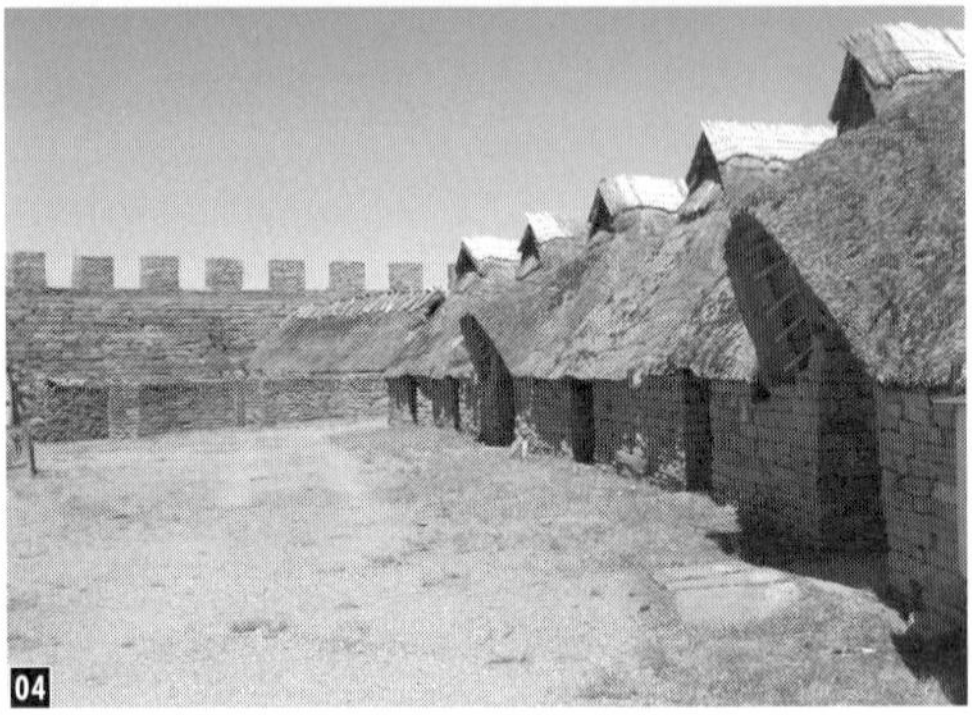

03堂々たる石壁が復元された砦遺跡。
04中の家々も一部、復元されている。

復元された砦の中には、これも一部復元された、石壁に茅葺のような屋根の家々が並んでいる。中央部分に並行して数軒、そして砦の環状の石壁から中央に向けて放射線状に数軒、家が延びている。イスモントープ遺跡では、累々たる石組みから当時の家の配置を想像するしかないが、このように復元されていると、幾何学的な家々の配置の様子、特に環状の石壁を家の壁の一部として取り込み、時計の目盛のように放射線上に建ち並ぶ家々の構造がビジュアルにつかめる。

この遺跡のように、観光資源として復元することには、賛否両論あることだろう。下手をすると、薄っぺらなテーマパークのようになってしまい、遺跡と観光資源とのバランスのとり方が問われることになる。ともあれ、この遺跡は、その提示のしかたという点で興味深い。

一方、イスモントープ遺跡の南には、グローボリという遺跡がある。この遺跡は、鉄器時代の環状砦としては、スウェーデン最大とされる。6世紀頃、築造され、12世紀に改築、拡大された。環状の石壁は、約640メートルの長さに及ぶ。

遺跡に行くには、牧草地の中の小道をたどる。やがて、アーチ形の入り口が見え、そこをくぐると、砦跡の遺跡である。

だが、そこから先は柵があり、中に入れない。中、すなわち遺跡には、点々と羊がいる。遺跡は羊の放牧場になっているのである。生まれて間もない子羊たちが、草を食んだり、砦の石壁に駆け上がって遊んだりしている。ここは、前二者の遺跡とはまた異なって、実用に使われているのだ。自然な形のもの、復元したもの、羊の放牧場と、エーランド島の砦遺跡は、実に三者三様である。

05 今は羊の放牧場として使われている砦遺跡。

28 風車のある風景

エーランド島には風車が多い。農場や民家の庭先など、あちこちで、木造の風車を目にすることができる。よく見ると、島の地図にも、風車の印が数多く書き込まれている。特に、幹線道路沿いには、数基が固まって並んでいることも多い。エーランド島は、「風車の島」ともいえそうである。

18世紀から19世紀にかけて、穀物の粉ひきに使う風車を所有することは、エーランド島の農民にとって、いわば「甲斐性の証」だった。19世紀には、およそ2000基の風車が、エーランド島にあったとされる。今、残っているのは350から400ほどで、その多くは、地元の風車保存団体によって所有、管理されている。

おもしろいのは、こうした風車が農場の所有物だったのではなく、持ち主の所有物だったことである。持ち主は別の場所に引っ越す時、風車も一緒に農場から持って行った。つまり、持ち主とともに、風車も新たな場所に引っ越したのである。

エーランド島中部に、18世紀から19世紀にかけてのエーランド島の農場のたたずまいを伝える野外博物館がある。道の両側に広がる博物館の敷地には、赤い板壁に濃いオレンジ色の屋根の住居やボートハウス、機具倉庫や鍛冶場など、往時の建物が並んでいる。

敷地の中に広がる草地には、風車が1基、立っている。エーランド島の風車の中には、赤く塗られているものもあるが、これは木目そのままの素朴なものである。横からみると、羽根がついた大きな物置小屋のように見える。

風車のある草地一帯は、柵が設けられ、柵の中には、山羊が放牧されている。デヴィド・カービー、メルヤ＝リーサ・ヒンカネンの『ヨーロッパの北の海――北海・バルト海の歴史』[*1]によると、19世紀頃、カ

01 野外博物館の風車と山羊。かつて、風車と山羊を所有することは、エーランド島では一種のステータス・シンボルだった。

*1 デヴィド・カービー、メルヤ＝リーサ・ヒンカネン『ヨーロッパの北の海――北海・バルト海の歴史』玉木俊明他訳、刀水書房、2011年。

ルマル海峡の諸島では、山羊を飼うのは、牛を飼うのよりも裕福でないとできなかったらしい。風車と山羊を持っていることは、当時のエーランド島において、一種のステータス・シンボルだったといえるだろう。

エーランド島で風車があるのは、農場や民家の庭先、あるいは野外博物館だけにとどまらない。前章で取りあげたような古代の遺跡の中にも、風車がある場所がある。島の南部に広がる石灰岩基盤の平原ストーラ・アルヴァレットに隣接するイェットリンゲ遺跡がそれである。とはいっても、もちろん風車は古代に建てられたものではない。はるか後年、この場所に建てられたものである。

イェットリンゲ遺跡は、青銅器時代から鉄器時代後期にかけての複数の墓からなる墓域である。特に、この遺跡を代表するものとして知られているのが、ゴットランド島でもよく見た、舟の形に石を並べて造った舟型墓である。

この舟形墓は、車が行きかう幹線道路のすぐそばのところにあり、一見してすぐにそれと分かる。舟形墓の傍

02

らには、人の背丈より高い大きな石が1つ直立しており、舟形墓の一方の端にも、同じくらいの高さの大きな石が1つ、舟の舳先のように直立している。そして、舟形墓の反対側の端には、それほど高くないずんぐりした石があり、その向こうの緩やかに傾斜している草地の上に、風車がある。

風車は、野外博物館のものと同じく、赤く塗られていない素朴な造作のものだ。素朴な風車と、色とりどりの野の花と、古代の石の墓とが、不思議に調和して、1つの風景の中に収まっている。

さらに進んでいくと、丘の端にも、かつては舟形墓を形作っていたのではないかと思われる石が、ぽつんぽつんと、やや間隔を置いて、まばらに並んでいる。そのいくつかは、横倒しになっていた。石の墓の向こうには、真っ青な海が広がっている。海にかけては、濃い緑から薄い緑、黄色のグラデーションを描く牧草地が、なだらかに広がっている。

見ると、海の中に、何か立っている。風力発電の風車である。その数、12～13基はあろうか。青い海の中に、白い風力発電の風車のタワーが、まるでオブジェのように一列に並んでいる。現代の風車と古代の石の墓は、これもまたなぜか違和感なく、1つの風景を織りなしていた。

今まで見てきた木造の風車は、すでに実際には使われていないものだが、中には、いまだ「現役」の風車も存在している。エーランド島北部サンドヴィークにある風車は、

03 スカンジナビア最大といわれる風車。傍らの旗は、エーランドの旗。

そうしたうちの1つである。

ボリホルムから北上し、幹線道路をはずれて、海岸のほうへ向かうと、野原の中に、堂々たる姿をしたサンドヴィークの風車が見えてくる。この風車は、これまでの素朴な風情の風車とは違い、より本格的な造りをしており、規模も大きい。羽根のついている屋根部分が回転するオランダ式風車と呼ばれる形式のもので、エーランド島には、約20基が残っているという。中でも、この風車は、8階建て、高さ26メートルと、エーランド島のみならず、スカンジナビアでも最大のものとされる。

風車の中に足を踏み入れると、そこにはイスとテーブルが並んでいる。つまり、この風車は、本来の粉ひきではなく、レストラン、そして内部が博物館となっている観光施設として稼働しているという意味で、「現役」なのである。よく見ると、風車の大きな羽は、ワイヤーで固定され、動かないようになっている。

元々、この風車は、1856年にスウェーデン本土スモーランドで建造された。その後、1885年に売却され、サンドヴィークに移された。風車の木材や内部の粉ひき設備はバラバラに解体され、番号を打たれてから運ばれ、サンドヴィークで番号通りに再び組み立てられた。風車は1955年まで使われた後、地元の農場協会に売却され、カフェとなり、さらに今のような観光施設となった。

木の階段を上った風車の内部は、粉ひきに用いられる木造の歯車や落し戸、ひき臼など、ちょっとした工場のようである。穀物をひき、穀物別に仕分け、袋詰めされる作業工程が、上の階から下の階へと機能的に行われていた様子がよくわかる。

途中の階には、テラスがあり、外に出ることができる。出てみると、目の前には、平らな草地が広がり、そこに明るい日差しを浴びて、風力発電の白い風車のタワーが海に向かって立っていた。風車のプロペラは、ゆっくりと回っている。昔の風車も、現代の風車も、そのどちらもがエーランド島の風景だといえるだろう。

29 王家の保養地

「陽光の島」エーランド島には、夏になると、観光客や別荘族が大挙してやってくる。島外から、およそ200万人が、ほぼ夏の観光シーズンに集中して、人口約2万5000人のエーランド島に押し寄せるのである。

エーランド島の「保養地」としての歴史は、16世紀にさかのぼる。スウェーデンをカルマル連合から離脱させ、独立に導いたグスタヴ・ヴァーサ王は、エーランド島に5つの荘園を構えた。そのうちの1つが、島の最南端にあるオッテンビューである。ここには、元々、19の農場からなる村が存在していたが、1544年、グスタヴ・ヴァーサ王は、この場所を王家の荘園とするために、村の破壊を命じた。そして荘園が設けられると、エーランド島南部に住むすべての農民に荘園での賦役が課せられた。賦役の制度は、その後200年以上も続けられたという。

王家の荘園は、領地というだけではなかった。王家の人々にとって、狩りを楽しむ場所でもあったのである。グスタヴ・ヴァーサ王の息子で、異母兄エーリック14世と骨肉の争いの末に王位に就いたヨハン3世は、1569年、エーランド島全体を王家の狩猟場とする命を下した。『ストーラ・アルヴァレットへようこそ』という小冊子によれば、これによって、エーランド島の人々は、燃料や木材として、木を切ったり枝を折ったりすると罪に問われることになった。この法令は、なんと1801年まで存続した。ヨハン3世は、また、オッテンビュー中央部にある王家のお狩場の森に、ファロージカというシカを放した。このシカは、今でもこの場所に棲息しているそうである。以前、心休まる暇がなかったヨハン3世にとって、城造りだけが現実を忘れることのできるものだったと記したが、これに狩猟も付け加えたほうがいいかもしれない。

ヨハン3世が造ったボリホルム城を17世紀に造り直したのは、カール10世グスタヴだったが、彼は、オッテンビューにも、建造物を残した。1653年、カール10世グスタヴは、オッテンビューの北に、島の端から端まで横断する5キロに及ぶ石壁を築いた。この石壁は、オッテンビューの御料地のエリアを明確に示すためのものであったと同時に、前述の『ストーラ・アルヴァレットへようこそ』によると、スウェーデンの「偉大な時代」に典型的な「威信的プロジェクト」だったとされる。つまり、王家の権威を誇示するためのものだったのである。

カール10世グスタヴが築いた石壁の南側には、国家資産局によって管理されている王

01 エーランド島南端にあるヤーン灯台。

家の御料地が今も残っており、牛や羊が店子によって飼育されている。また、石壁の南側一帯は、自然保護区であり、かつエーランド島南部の農業景観としてユネスコの世界遺産に登録されているエリアの一部でもある。

野原の中を真っすぐに延びるカール10世グスタヴの石壁を過ぎ、オッテンビューの御料地から幹線道路をはずれ、岬の突端に向けて曲がると、道は、やっと車の離合ができるほど細くなる。左右に広がる草地の中をさらに走っていくと、岬に着く。先には、さんさんと降り注ぐ陽光の下、白い胴体に黒い横帯の入った、ややずんぐりした灯台が見える。エーランド島北端の灯台は、「のっぽのエーリック」と呼ばれていたが、島の南端にあるこの灯台は、「のっぽのヤーン」と呼ばれ、スウェーデンでいちばん高い灯台とされる。北端の「のっぽのエーリック」よりも早く完成したので、こちらのほうが「兄」といえるだろうか。「兄」の灯台も、「弟」の灯台と同じく、エーランド島産の石灰岩でできているが、こちらのほうは、近くの廃絶した礼拝堂の石材を再利用したものだそうだ。

灯台は、上にのぼれるようになっており、狭い入り口は、のぼる人、降りる人で混みあっている。ふと見ると、入り口の上には、古びたプレートがはめ込まれている。プレートには、「グスタヴⅢ　1785」と刻まれていた。

「グスタヴⅢ」とは、1771年に即位したグスタヴ3世のことである。グスタヴ3世が即位した当時、スウェーデンで実権を握っていたのは貴族と市民からなる議会であり、特に貴族は大きな権限を持っていた。即位の翌年、グスタヴ3世は、軍事クーデタを起こし、議会の権限を抑え、王権を強化する。いわゆる啓蒙専制君主であったグスタヴ3世は、内政面においては、さまざまな改革を行い、外交面では、ロシアとの戦争を始めるなど、「バルト帝国スウェーデン」の再興を試みた。

プレートに刻まれている、もう1つの「1785」は、この灯台が完成した年を指す。この頃、グスタヴ3世は、ロシアとの戦争に備え、軍備増強を図りつつ、その一方で、文化の振興にも努めた。灯台完成の3年前には、首都ストックホルムにオペラ座を建立し、また灯台完成の翌年には、スウェーデン・アカデミーを設立した。現在、ノーベル文学賞の選考を行っているのは、このスウェーデン・アカデミーである。

だが、権限を狭められた貴族の間には、グスタヴ3世に対する反発が高まっていた。灯台完成から7年後の1792年、王は、自らが建立したストックホルムのオペラ座での仮面舞踏会の席上、貴族によって銃撃され、数週間後、死亡した。享年46歳だった。

「王家の保養地」エーランド島は、過去の話でなく、現在でもその役割を担い続けて

02 スウェーデン王室の夏の別荘、ソリーデン宮殿。

いる。ボリホルム城址の地続きに、王室の夏の別荘として、ソリーデン宮殿が設けられているからである。現王室は、伝統にのっとり、7月14日のヴィクトリア王女（次期女王）の誕生日をここで祝うことにしている。

ソリーデン宮殿は、夏の間、一般に公開されている。王室グッズなどを販売しているインフォメーションで入場料を払い、美しい緑の芝生や大きな木々を見ながら進むと、白い建物が現れる。これが、王室が夏休みを過ごす宮殿である。宮殿といっても、やや大きめの邸宅といった構えである。さすがに、建物の中には入れないが、前庭のあたりから眺めることができる。その横には、刈り込みと芝生、花々で幾何学的に構成されたイタリア庭園がしつらえてある。宮殿内には、このほかにも趣向を凝らしたさまざまな庭園や、森が広がっている。

このソリーデン宮殿が造られたのは１９０６年、造ったのは、当時、皇太子だったグスタヴ5世の妻、ヴィクトリアである。健康がすぐれなかったヴィクトリアは、医師の勧めもあって、しばらく前から、冬の間はスウェーデンを離れ、南イタリアのカプリ島で過ごしていた。彼女は、ここ「陽光の島」エーランド島に、好みであるイタリア風の別荘を建てたのである。

ソリーデン宮殿が完成した翌年、ヴィクトリアは、夫グスタヴ5世が国王になったのに伴い、王妃になった。だが、彼女は、次第にスウェーデンを離れることが多くなり、最後は、イタリア・ローマの自宅で1930年に亡くなった。一説には、健康上の理由ばかりでなく、夫グスタヴ5世と不仲だったためともされる。また、当時、スウェーデンでは普通選挙が実施され、議院内閣制が成立するなど、議会主義が確立していったことも、ヴィクトリアには気に染まなかったようだ。

宮殿を出て、駐車場の方へ向かうと、その前の野原にヴィクトリア王妃の胸像がある。毅然とした表情の王妃が見ているのは、ストックホルムの方角なのだろうか、それともローマの方角なのだろうか。

コラム 5

島を彩る伝説

エーランド島・ボリホルムの町から北上し、そろそろ北端というところで海岸に出ると、青い海が広がる美しい景色を目の当たりにすることができる。その青い海に、まるでお椀を伏せたような独特の形の島が、ポツンと1つ浮かんでいる。現在、無人島であり、国立公園に指定されている「青い乙女」島である。島への定期船が運行されるのは夏の期間だけ、滞在時間も制限され、島から石や樹木等を持ち出すことは固く禁じられているなど、島の自然環境の保護が図られている。

この島の「青い乙女」島という名前は、ある伝説に由来する。その昔、ボリホルム城の井戸に、身を投げたメイドがいた。彼女の遺体は、不思議なことに、海に浮かぶこの島に浮き上がった。ボリホルム城の井戸は、この島とつながっているのだ、というものである。

問題のボリホルム城の井戸は、城の北西にある「乙女の塔」にある。いわずもがな、塔の名も、上記の伝説に由来する。塔の下は、岩の斜面になっており、敵が攻めるのが難しいところから、ここに位置する井戸は、城の「水がめ」として重要な役割を持っていたと考えられている。この井戸は、まだ城がヨハン3世によってルネッサンス様式のものに造り変えられる以前の中世の砦であった頃から存在していたとされる。54メートルの深さがあるという井戸は、覗いても中は真っ暗で何も見えない。この井戸の底が、いわば「海底トンネル」となって、「青い乙女」島に続いているという伝説は、なかなか意表を突くものではないだろうか。

島にまつわる伝説といえば、ヒーウマー島・カッサリのサーレ岬にまつわるものが思い出される。ヒーウマー島の場合は、島に住む巨人のレイケルが、隣のサーレマー島に住む兄のスール・トゥルのために橋を架けようとしたが、未完に終わり、それが先

バルト海にぽっかりと浮かぶ「青い乙女」島。

端が海に没する砂州状のサーレ岬である、というものだ（第13章参照）。島の独特の変わった地形に対して、人々が抱いた不可思議な気持ちが、こうした伝説を生み出したのかもしれない。あるいは、もしかしたら、近くに浮かぶ他の島との間に「橋」や「海底トンネル」があったら、という島の人々の願望が伝説に反映されているのかもしれない。

今は廃墟となっているボリホルム城の「乙女の塔」に上って、上から海を見渡してみても、そこから「青い乙女」島の島影は見ることができない。しかし、青い海の下の「海底トンネル」で島と城の井戸がつながっていると想像すると、見えないはずの島が海のかなたにぼんやりと浮かんで見えるような気がしてくる。

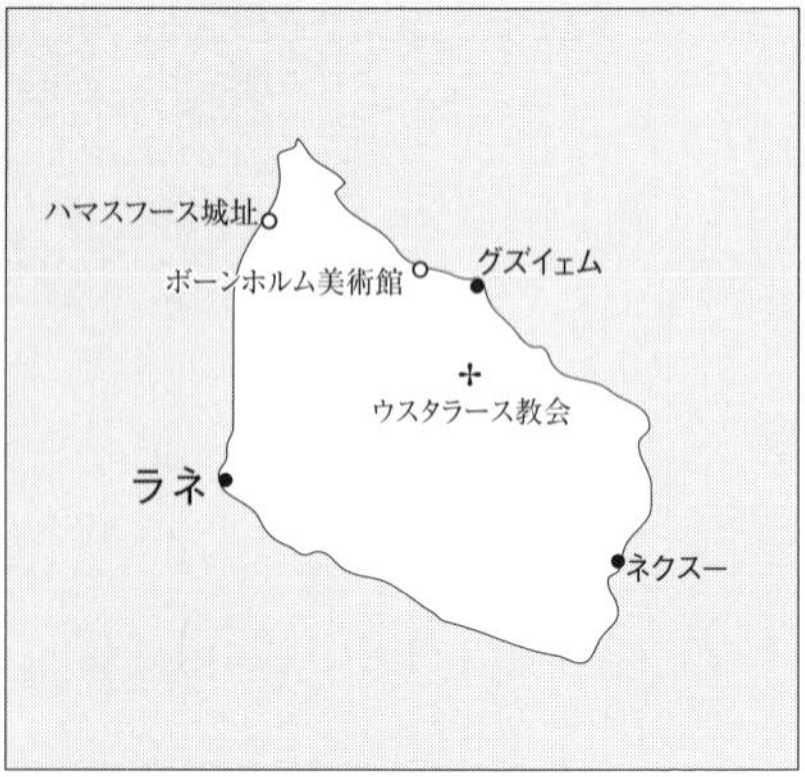

ボーンホルム島：Bornholm
デンマーク
人口：約 40,000 人（2016 年）
面積：589.16 平方キロメートル
中心都市：ラネ

第Ⅶ部

ボーンホルム島——風の島

30 円形教会

ボーンホルム島は、デンマーク領である。ただ地図で見ると、この島は、デンマーク本土よりも、スウェーデンのほうが近い。スウェーデンから、フェリーの便もある。一方、デンマークの首都コペンハーゲンからは、飛行機の利用が便利だ。夏休みともなれば、多くの家族連れで飛行機は満席になる。コペンハーゲンから30分程で、飛行機はボーンホルム島の中心地である人口約1万3000人の町ラネに到着する。

バルト7島の中で、陸地に比較的近いヒーウマー島とサーレマー島、多くの島々からなるオーランド諸島、橋で本土と結ばれたエーランド島とリューゲン島、エーランド島の北隣りに位置するゴットランド島に比べると、ボーンホルム島は、面積がいちばん小さいこともあって、バルト海の中にぽつんと浮かぶ「孤島」というイメージが強い。

だが、ボーンホルム島は、海を越えてやってくる多くの「外敵」の襲撃に見舞われてきたという点では、ほかのバルト7島と同じである。特に、中世初期、ボーンホルム島をしばしば襲撃したのは、「異教徒」ヴェンド人だった。ヴェンド人とは、バルト海南岸に住んでいた西スラブ人のことで、バルト7島の1つリューゲン島も、彼らの部族の本拠地の1つだった。アラン・パーマーの『バルティック――地域と人々の新しい歴史』[*1]には、ヴェンド人はその戦闘能力によって名高く、また恐れられていた、と記されている。

そうした当時の状況をしのばせるものが、ボーンホルム島に4つある円形教会である。中でも、島の中北部にあるウスタラース教会は、最大のものとして名所になっている。

この教会は、ぽってりとした白壁に黒い主屋根、同じく黒い小屋根をのせた張り出し状の壁で支えられた、ずんぐりしたドングリのような円形をしている。バルト海というより、エーゲ海にあってもおかしくなさそうな雰囲気の教会である。

この教会がいつ建てられたのか、正確にはわかっていない。おそらく、1150年頃とされる。教会は、本来の宗教的役割のほかに、「外敵」が海から襲撃し

＊1　Alan Palmer, *The Baltic: A New History of the Region and its People*, Overlook Press, 2006.

01

01 ウスタラース円形教会。

てきた時に、人々が逃げ込む「砦」的な役割も担っていた。教会が円形であるのも、塔のように、360度、「外敵」の襲来を見張ることができるから、ともいわれている。

その「外敵」であるヴェンド人は、ウスタラース教会が建設されたと思しき頃、ドイツ人やデンマーク人らによるキリスト教化とセットになった領土化の圧力にさらされていた。1147年にドイツ人やデンマーク人らが主力となって結成されたヴェンド十字軍の侵攻によって、ヴェンド人は、いったんはキリスト教化を受け入れていた。だが、十字軍が去ると、大半は再び「異教徒」にもどり、デンマーク沿岸への襲撃を始めた。ヴェンド十字軍の侵攻で、ヴェンド人の支配地が狭められたため、海を越えて襲撃を行うことに1つの活路を求めたのである。当時、デンマークが内乱状態にあったこともあり、バルト海に浮かぶ小島のボーンホルム島は、ヴェンド人にとって、格好の襲撃対象だったといえるかもしれない。

現在のウスタラース教会は、「砦」としての役割は終えたが、宗教施設としては今も「現役」であり、礼拝が行われていない時には、観光客に公開されている。

教会の内部は、独特の造りである。内部が円形であるため、信徒席も放射線状に配置されている。たとえていうなら、メリーゴーランドのように、信徒席が並んでいる、というところだろうか。

円形部の中央には、下の方がアーチ型にくりぬかれた、ぽってりとした白壁の大きな円柱があり、中は小さな空間になっている。円柱の周りには、キリストの生涯をテーマにした、どことなく親しみやすい筆致のフレスコ画が描かれている。円柱の中の空間には、柱に沿って丸く椅子が並べられ、その中央には洗礼盤が置かれていた。教会で買い求めた『聖ローレンス教会——ウスタラース円型教会の略述』[*2]という小冊子によれば、この空間は、教区の子供たちから、長年、「かまど」と呼ばれてきたそうだ。確かに、いいえて妙である。

教会の上階へは、狭い石の階段で登ることができる。上の階は、窓が少なく暗い。ここにも、中央に「かまど」がある。観光客の幼い兄妹が、嬉々としてここで追いかけっこをして遊んでいた。

穿たれた覗き窓から外を見ると、台地の下に真っ青な海が水平線いっぱいに伸び、その手前には黄金色の麦畑が広っている。海からの強い風によって、麦の穂が文字通り、穂波となってザアッーとなびいていく。

教会の上階は複数階構造になっており、「外敵」の襲撃の際の避難場所や胸壁、見張り塔といった「砦」として使われていたらしい。また、

＊2　Carl Nepper-Christensen, *The Church of St. Lawrence: A Brief Description of the Round Church of Østerlars*, Østerlars Parish Council, 2012.

02 円形教会の覗き窓から見た景色。麦畑が広がり、海が見える。

前述の小冊子によると、バルト海交易向けの重要産品の保管場所としても用いられていたそうである。

ところで、ウスタラース教会には、テンプル騎士団にまつわる説がある。教会がテンプル騎士団によって建てられた、あるいは用いられた、というものである。テンプル騎士団は、第1次十字軍が奪還した聖地エルサレムへの巡礼者の保護を目的に、1119年に結成された騎士団である。この騎士団は、14世紀初め、異端として弾圧され、解体されたが、資産管理にたけていたことで知られていた。ウスタラース教会には、そうしたテンプル騎士団が東方での十字軍活動に使う目的で隠した財宝が眠っている、という説も存在している。

実際、教会の床下には、用途不明の隠し部屋があることがわかっているそうだ。また、1890年代と1950年代に教会を修復した際、床下からコインも発見されたという。ただ、発見されたコインのうち、教会が建設された12世紀にまでさかのぼれるのは、わずか2枚だけだった。これだけでは、テンプル騎士団の財宝の話が、本当なのかどうか、やにわには判断しがたい。もっとも、先の小冊子の中では、テンプル騎士団について、一言も触れられていない。やはり、あくまでも「ロマン」ということなのかもしれない。

31 古城と統治者たち

ボーンホルム島の北部に、北欧最大の中世の砦址とされるハマスフースという古城の址がある。城址は、幹線道路から森の中に入ったところにある。森の中の道は狭いにもかかわらず、観光名所であるせいか、自家用車や大型観光バスと次々にすれ違う。

やがて、かなたの丘の上に、レンガ色の城の遺構がそそり立っているのが見えてくる。丘には頂上の城址へと至る道がジグザグ状にうねうねと続いており、そこを登っていく人の姿が、アリのように小さく見える。

デンマークで唯一残っている中世の橋というレンガの橋を渡ると、いよいよ城址だ。城壁の中は、今はほとんどが野原になっており、その野原の中に、四角い塔が立つ城の一部が残されている。丘の上は、風が強い。城壁の端から下を見ると、そこは海が広がる断崖になっていた。高さは、約70メートルあるそうだ。

01 ハマスフース城址。

　このハマスフース城が築造されたのは、１２５０年頃とされる。築造主は、現在はスウェーデン領となっているルンドの大司教だった。当時、ボーンホルム島は、ルンド大司教区に属しており、大司教は、島に領地を持っていたのである。

　この時代、デンマークは、内乱の最中にあった。王権は不安定であり、その上、王と大司教は勢力争いをしていた。ボーンホルム島中央部には、王の城が築かれていたが、１２５９年、その城はドイツ・リューゲン島のヴェンド人と組んだ大司教の兄弟によって襲われ、破壊されたほどだった。

　このように王と大司教の勢力争いの舞台の１つとなってきたボーンホルム島は、16世紀になると、大司教に対する王命によって、王領となる。王命を下したのは、時のデンマーク王クリスチャン２世だった。１５２０年にスウェーデンに侵攻して、ストックホルムで貴族や市民の有力者などを大量虐殺した王である。

　だが、王命を下してほどなく、１５２３年、クリスチャン２世は、王位を追われ、オランダに亡命する。ストックホルムの虐殺で犠牲になった有力者の息子グスタヴ・

ヴァーサが反乱軍を率いて、スウェーデンを独立に導く一方、デンマークでも、王に不満を抱く貴族や聖職者による反乱が起きたためである。

クリスチャン2世に代わってデンマークの王位に就いたのは、叔父のフレゼリク1世だった。そのフレゼリク1世は、1525年、ハンザ都市連合の盟主リューベックに、ボーンホルム島を引き渡す。ゴットランド島の部（第Ⅴ部）で記したように、クリスチャン2世からゴットランド島を与えられていたノルビー司令官が、この頃、デンマークと戦っていたスウェーデン軍のみならず、スウェーデン軍に味方するハンザ都市連合の船を襲う「海賊活動」を展開していた。これに対し、ハンザ都市連合は、1525年にゴットランド島・ヴィスビーを攻撃し、「海賊」を駆逐した。フレゼリク1世は、ゴットランド島を引き続きデンマーク領とするのと引き換えに、リューベックに、ボーンホルム島を与えたとされる。また、王位に就くためにリューベックから借金をし、その担保として、ボーンホルム島を渡した、ともいわれている。

新たにボーンホルム島の統治者となったリューベックは、ハマスフース城を増改築した。約50年間続いたリューベック統治時代に、ハマスフース城は、もっとも栄えたとされる。

しかし、17世紀になると、ボーンホルム島は、再び争いの渦中に巻き込まれる。それまでも幾度となく戦ってきた「宿敵」スウェーデンが、1643年、デンマークに侵攻、デンマーク艦隊は大敗し、1645年にはボーンホルム島もスウェーデン軍に占拠された。この時、ハマスフース城は、あっけなく陥落したという。講和条約によって、デンマークは、ゴットランド島を割譲したが、ボーンホルム島は保持した。だが、その13年後、ボーンホルム島は、今度は正式にスウェーデン領となる。この時は、戦争を仕掛けたのはデンマークだったが、スウェーデンのカール10世グスタヴがコペンハーゲンに進軍してきたため、デンマークは降伏、ロスキレ講和条約でボーンホルム島を手放すことになったのである。

こうしてスウェーデンは、ボーンホルム島の新たな統治者となったが、その統治は、実質、1年も続かなかった。1658年末、ラネの町でスウェーデンの司令官が島民によって暗殺され、島全体に反乱の火の手が広がり、ついにスウェーデン軍が島から追い出されたのである。島民は、デンマーク王に帰属を申し入れ、1660年、デンマークとスウェーデンとの間で新たにコペンハーゲン講和条約が結ばれた際、ボーンホルム島は、再びデンマーク領となった。エーランド島の部（第Ⅵ部）でも触れたが、スウェーデンのカール10世グスタヴは、ロスキレ講和条約締結後、これを破ってデンマークに侵攻したものの、戦況は膠着状態に陥り、その最中に王自身が急死してしまった。そのため、スウェーデンは譲歩したといえるだろう。ただ、やはりそこには、ボーンホルム島民のデンマーク帰属への強い意思表示も作用していたと思えてならない。かつてボーンホルム県庁に勤め、現在はウスタラース教会の近くでアパートメント・ホテルを営むDさんの話によると、ボーンホルム島のフェリーの船名には、長い間、スウェーデンの司令官を暗殺した実行犯の島民の名前がつけられていたそうだ。

ボーンホルム島が再びデンマーク領に戻ると、ハマスフース城は、守備隊の駐屯地兼牢獄として使われるようになった。その牢獄に、さっそく入れられたのが、先王クリスチャン4世の娘レオノーラ・クリスティーネと、彼女の夫コルフィッツ・ウルフェルトである。

先王の下で権力を得ていたウルフェルトは、1648年にレオノーラ・クリスティーネの異母兄フレゼリク3世が王位に就くと、新王と対立した。こうしたことから、ウルフェルト夫婦は、1651年に子供たちを連れてコペンハーゲンを脱出し、オランダを経てスウェーデンに住み着いた。ウルフェルトは、デンマークの「宿敵」スウェーデンに寝返ったのである。だが、処遇に不満を持ったウルフェルトは、スウェーデンに対しても反逆を企てたことから、スウェーデンにもいられなくなり、1659年にコペンハーゲンに舞い戻ったところを捕まった。そして1660年、レオノーラ・クリスティーネとウルフェルトは、「国事犯」として、ハマスフース城に投獄されたのである。

02 レオノーラ・クリスティーネを題材にした芝居のポスター。ラネ劇場にて。

2人が投獄されていたのが、城址に今も残る四角い塔である。ある時、2人は、シーツをロープ代わりにして、塔から脱出した。だが、すぐに見つかり、連れ戻されたという。確かに、海に面した断崖の丘の上に立つハマスフース城から抜け出すのは難しそうである。

2人は、ここに約1年にわたり投獄された後、資産を処分し解放された。しかし、懲りないウルフェルトは、なおもデンマークに対し反逆を企て、2人は再び捕まった。この時、死刑判決を受けたウルフェルトは、再度、逃亡することに成功したが、レオノーラ・クリスティーネは、1人、コペンハーゲン城内に幽閉された。

それから22年後、彼女は幽閉を解かれ、修道院で幽閉中の暮らしを振り返った回想録を書き綴った。この回想録が発見され、17世紀デンマークの代表的文学作品の1つとして評価されるようになるのは、それから百数十年たってのことである。文学となって後世に伝えられることになったレオノーラ・クリスティーネの過酷な運命は、統治者への反逆の罪で「国事犯」として投獄された、ここハマスフース城から始まったといってよい。

32 風景と画家

バルト海7島の他の島と比べると、ボーンホルム島は、格段に起伏が多い。島の牧草地や麦畑の中の道を車で走っていると、突然、目の前に対向車が現れ、びっくりすることがしばしばあった。起伏があるので、向こうから車が上ってくるのが、こちら側からはまったく見えないのである。

こうした起伏のあるボーンホルム島の風景は、デンマークの多くの画家を惹きつけてきた。特に20世紀初め、セザンヌやマチスといったフランスの画家に刺激を受け、抑えた色調や抽象画の手法を取り入れてボーンホルム島の風景を描いた画家たちは、「ボーンホルム派」と呼ばれ、デンマーク美術にモダニズムをもたらしたとして評価された。

ボーンホルム島の東海岸に、そうした「ボーンホルム派」の作品を中心に展示しているボーンホルム美術館がある。１９９３年に建てられたこの美術館は、ボーンホルム島のみならず、デンマークでも屈指の美術館である。

傾斜に沿って白い円柱形や箱型の建物が細長く連なるユニークな形をしたこの美術館は、ボーンホルム島の観光名所だけあって、多くの人々が訪れる。入ってすぐの館内のカフェを覗いたら、高齢者の団体客が、オープンサンドイッチを肴に、男性も女性も豪快にビールを飲み干していた。

美術館の内部は、中央部が吹き抜けの複雑な造りの3階建てになっており、入り口が最上階で、下の階に向け階段を降りながら、見学するようになっている。「ボーンホルム派」の作品は、比較的大きな部屋に一堂に展示されている。ここからさらに降りて、いちばん下の階に出ると、端から屋根付きの通路が屋外に延びている。通路の突き当たりは風が吹きつける小さな展望台で、先には海が広がっている。

再び建物の中に戻ったら、足元に注目したい。床には細い溝が設けられており、その中を水が流れている。これは、単なる排水溝ではなく、アートの1つなのだ。水が流れる溝をたどって階段を上がっていくと、最上階の入り口近くに水の湧き出し口がある。この近くにある、昔からヒーリング・パワーで知られた「聖なる泉」の水を引いているそうだ。「アートのパワースポット」とでもいえるだろうか。

ボーンホルム美術館の近くには、「聖なる泉」だけではなく、「聖なる岩」もある。美術館の建物を出て、遊歩道をたどっていくと、「聖なる岩」のある海岸に行くことができる。遊歩道の両側は野原で、野の花がここかしこに咲き、さらにその向こうは、牧草地になっており、黒や茶色の牛たちが、こちらを物憂げに眺めながら、点々と寝そべっている。

だんだんと海岸に近づくにつれ、傾斜がきつくなり、最後に海を見下ろす展望台にたどり着く。足元は、22メートルあるという切り立った断崖で、細い石柱が寄り集まって固まったようなゴツゴツした岩が屹立し、波しぶきが上がっている。「聖なる岩」である。どことなく、福井県の東尋坊海岸や、韓国・済州島の中文大浦海岸を想い起させる風景である。こうした荒々しい風景は、ほかのバルト海の島々では、ほとんど目にすることができない。デンマークの画家たちが、変化に富んだボーンホルム島の風景に心ひかれたのも、わかる気がする。

ボーンホルム島の風景にひかれた多くの画家たちが好んで滞在したのが、ボーンホルム美術館から5～6キロほど海岸沿いに南下したところにあるグズイェムという小さな町である。前にも触れたDさんによれば、ボーンホルム島の観光は、ラネだけに集中しているのではなく、海岸沿いに点在している小さな町にも気の利いたホテルやレストランがあり、人気の観光地になっているとのことだ。グズイェムは、中でも「ボーンホルムのカプリ」とも呼ばれ、人気が高い。ちなみに、グズイェムとは、「神のうち」という意味である。「ボーンホルムのカプリ」と呼ばれるだけあって、グズイェムの町は、海沿いの傾斜

01 「聖なる岩」。

地にオレンジ色の屋根の家並みが連なる、ちょっと地中海風の雰囲気を湛えた小さなリゾートタウンである。海岸へと下りていく急な坂道の両側には、小さなホテルやカフェ、レストラン、土産物屋などが軒を連ね、そこをひやかしながらそぞろ歩く観光客でにぎわっている。

坂道を下りきったところは、港になっている。ここも、そぞろ歩く人や、海岸沿いにある魚料理のレストランで食事をする人でにぎやかだ。

グズイェムには、「ボーンホルム派」の中で数少ない、この島生まれの画家オーロフ・フストの美術館がある。１８８４年に生まれたフストは、コペンハーゲンで絵画を学んだ後に帰郷し、ボーンホルム島の風景を主なモチーフとして、絵を描いた。彼が１９６６年に亡くなるまで住んだグズイェムの住居兼アトリエが、現在、その作品を展示する美術館になっているのである。

02「ボーンホルムのカプリ」と呼ばれるグズイェムの町並。

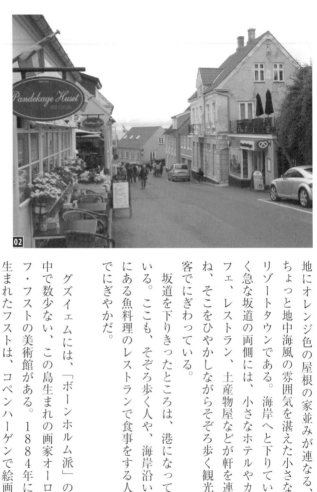

グズイェムの港からほんの少しあがった住宅街の中にある美術館に入ると、眼鏡をかけた青年が受付をしていた。「どちらからですか？」と尋ねられたので、「日本から」と答えると、「日本人ですか！」と日本語が返ってきた。聞けば、ボーンホルム島生まれで、現在はコペンハーゲンの大学で日本語を学んでいるという。夏休み期間中は、島に帰省して、ここでアルバイトをしているそうだ。

画家の住居兼アトリエだった美術館は、静かでこぢんまりしており、落ち着いた雰囲気の中で絵画を鑑賞することができる。各部屋に展示されている作品は、海岸や農場、そして空といった移ろいゆく四季の変化の中でのボーンホルム島の風景が描かれたものが多い。フストは、自分の絵に強いこだわりがあったらしく、すでに売却した作品であっても、道具を持って、よく手直しに出向いたといわれている。

ボーンホルム島の変化に富んだ風景は、画家たちにインスピレーションを与え、デンマーク美術に、島の名を冠した1つの流れを生み出したといえるだろう。

帰りがけ、受付の青年から、この後どこに行くのかと尋ねられた。フェリーでドイツ・リューゲン島のザスニッツに向かうと答えると、彼は、一呼吸考えてから、「ザスニッツに行ってらっしゃい！」と、日本語で元気よく送り出してくれた。

03

03 フストの住居兼アトリエだった美術館。

33 未来への模索

中世の時代、ボーンホルム島には、デンマークやスウェーデンへ航海するドイツのハンザ商人たちが多く立ち寄った。ボーンホルム島は、バルト海の途中寄港地であるとともに、ニシン漁で知られていたからである。『ハンザ遺跡、ルートとモニュメント――過去と現在への旅行者ガイド』[*1]という冊子によると、13世紀から14世紀にかけて、ボーンホルム島やドイツ・リューゲン島の沖合は、ニシンンの好漁場だったという。ドイツの塩を使った塩漬け技術の発達により、獲れたニシンは塩漬けにされ、市場で取引された。ボーンホルム島は、そうしたニシン交易の拠点の1つであり、現在の島の中心地であるラネの町は、ニシン漁の季節に買い付けにやって来たドイツのハンザ商人たちが基礎を築いたとされる。

古くからボーンホルム島の交易の中心だった東海岸の町グズイェムも、このニシン交

＊1　Gun Westholm, *Hanseatic Sites Routes and Monuments: A Traveller's Guide to the Past and Present*, Council of Europe Cultural Routes, 1994.

易で栄えた。ニシン交易自体は、やがて衰退するが、グズイェムの町にとって、ニシン漁は、その後も主要産業であり続けた。

そのグズイェムのニシン漁に関連して、19世紀後半に画期的な「発見」が起きる。グズイェムの沖合にあるエアトホルメネ諸島を訪れたグズイェムの漁民が、そこでスコットランドから来た漁民がニシンを燻製にしているのを見て、この手法を取り入れたのである。グズイェムには、ボーンホルム島初となる燻製場が作られ、20世紀初頭までに、その数は25に達した。また、燻製場は、グズイェムのみならず、ボーンホルム島の沿岸部一帯に広がった。

ボーンホルム島における燻製場発祥の地であるグズイェムには、今も海岸沿いに燻製場がいくつか残っている。下が台形で上が煙突の独特な形の燻製場は、遠くからでもよくわかる。海からの強い風にも負けず、煙突から勢いよく煙が出ているのも、燻製場の目印になる。多くの場合、燻製場の中は店になっていて、魚の燻製、生や瓶詰の魚

01 グズイェムの燻製場。煙突が目印。

介類などをテイクアウトすることも、付属のレストランで調理してもらうこともできる。シーズンには、観光バスが横付けされ、レストランは大賑わいになる。

見逃せないのは、燻製場の店のガラスケースの中に並べられた、たくさんの種類のオープンサンドイッチだ。中でも、黒いライ麦パンの上に、特産の燻製ニシン、玉ネギの輪切り、青ネギのみじん切りがのった「グズイェムの太陽」という名のサンドイッチは、グズイェムの名物である。注文した時に、さらにこの上に、生卵の黄身がのせられ、完成する。

このユニークなサンドイッチの名前は、グズイェム特産の燻製ニシンの上に、太陽に見立てた生卵の黄身をのせることに由来しているそうだが、グズイェムの町では、同じ「グズイェムの太陽」という名を冠する料理コンテストが、毎年夏に開かれている。2009年に始まったこの料理コンテストは、グズイェムの海辺を会場に、デンマーク中から集まった一流シェフたちが、ボーンホルム島の食材を使って、オードブルとメイン料理を作り、腕を競うものである。シェフたちがボーンホルム島の食材を洗練された一品へと料理していく過程を目の前で見ることができ、また時にはシェフに質問したりすることもできるのに加え、会場には、さまざまなボーンホルム島の特産品が一堂に集まることもあって、今では、ボーンホルム島の人気観光イベントの1つとなっている。

実は、ニシン漁をはじめ、ボーンホルム島の漁業は、しばらく前から振るわなくなっており、もはや主要産業の位置づけにはない。代わって、主要産業の座を占めつつあるのが、観光業である。「グズイェムの太陽」料理コンテストも、こうした観光分野のイベントではあるが、単にそれだけにとどまらない。ボーンホルム島の漁業や農業の振興という性格もあわせ持っているのである。料理コンテストをきっかけに、ボーンホルム島の生産者や加工業者とデンマーク本土の大手レストランとの間で契約が成立するなど、その成果はあがりつつある。「グズイェムの太陽」料理コンテストは、ボーンホルム島にとって、島の特産品を売り込む「見本市」としての役割も担う、島の未来に向けての模索の1つといえるだろう。

ボーンホルム島の未来に向けての模索は、「ブライト・グリーン・アイランド」、すなわち「明るい緑の島」というプロジェクトにも見て取ることができる。2007年から始まったこのプロジェクトは、2025年までに、ボーンホルム島を二酸化炭素排出のない持続可能な社会とすることを目指すものであり、「持続可能なビジネス」、「良い暮らし」、「スマート・アイランド」、「緑の旅先」の4つの分野から構成されている。たとえば、「スマート・アイランド」の分野では、グリーン・エネルギーとして、再生可能エネルギーの利用が進められ、すでに島の電力需要のほぼ50％は、風力発電によってまかなわれているという。「風の島」の面目躍如である。そして、ボーンホルム島のこうした風力発電は、世界各国から視察にやってくる人々をターゲットとした「持続可能なビジネス」分野のエネルギー・ツアーにも、貢献しているのである。

また、ボーンホルム島は、島外からの送電線がスウェーデンとの間の海底ケーブルのみのため、島の電気輸出入量がモニターしやすいという状況を生かし、さまざまなプロ

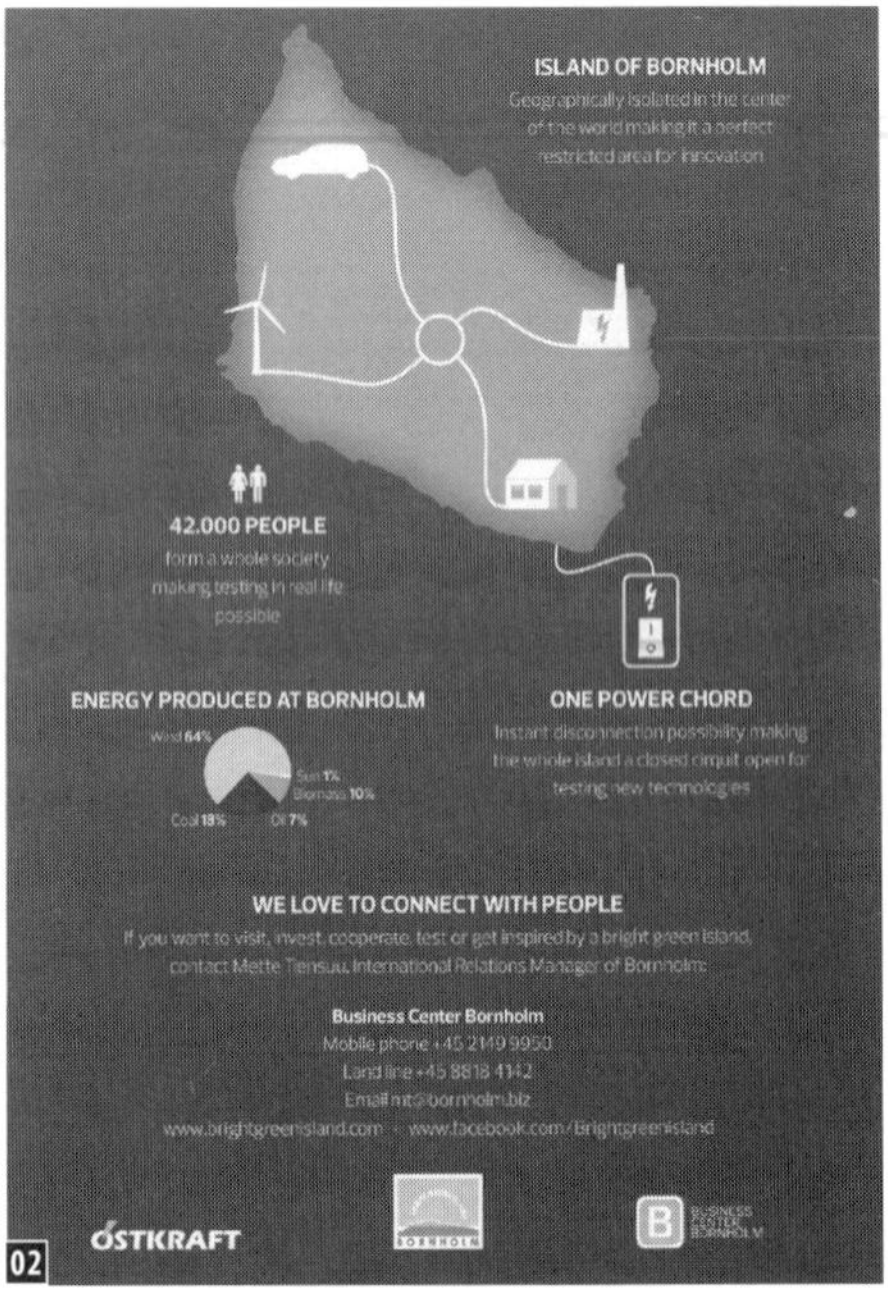

02「ブライト・グリーン・アイランド」の概要を紹介するパンフレット。

ジェクトの実験に最適な場所としてアピールを行っている。現在は、風力や太陽光など、再生可能エネルギーによる発電量の増減に応じて、各世帯が特定の電気器具をつけたり消したりする、エコ・グリッドEUと呼ばれるプロジェクトの実験が進行中だそうだ。「ブライト・グリーン・アイランド」の概要を紹介するパンフレットには、「ある人々は、テクノロジーやデザイン、創造性といった言葉は、大都市のものだと信じている。ボーンホルムの我々は、それが間違っていると証明しようと決意した。イノベーションはどこでも、いつでも、誰によってでも起こりうる！ブライト・グリーン・アイランドは、大きな問題を持続可能な解決へと変える創造的な場を提供するのだ」と記されていた。

ただ、その一方で、現実はなかなか簡単ではなさそうだ。ボーンホルム島の行政に携わるHさんによれば、島は人口減少に悩んでいるという。これは、バルト7島の他の多くの島にも共通する問題である。特に、若い世代の人口流出は、税収の減少となって、ボーンホルム島に影響を及ぼしているとのことだ。

デンマークでは、2007年に自治体改革が行われ、それまで14あった「県」が5つの広域な「地域」に再編され、270近くあった市に相当する「基礎自治体」が98に統合された。より「基礎自治体」に権限を持たせることが目的であり、この時、ボーンホルム島も、「県」から「基礎自治体」に転換された。先の「ブライト・グリーン・アイランド」も、自治体改革に合わせて制定されたものと理解することができる。税収不足に関しては、国からの補助金などで対処しているが、「基礎自治体」としてのボーンホルム島は、何にどう予算を使っていくか、これまで以上に考えなくてはならなくなったといえるだろう。2013年にボーンホルム島がバルト7島の協力枠組みである「バルチック7」から脱退したのも、こうしたことが背景にある、とHさんは話していた。

さまざまな形で未来への模索を続けるボーンホルム島の10年後、20年後は、どうなっているだろうか。

34

戦争と島

第2次世界大戦中、デンマークは、ドイツに占領された。デンマークは、ドイツと不可侵条約を結んでいたが、1940年4月に急襲を受け、ドイツがデンマークの政治的独立を保障したため、降伏したのである。これによって、ボーンホルム島も、ドイツの占領下に置かれ、ドイツの守備隊の駐屯地となった。

それから約5年後の1945年5月、デンマークのドイツ占領軍は英米軍に降伏し、デンマークは解放された。しかし、ボーンホルム島もあわせて解放されたわけではなかった。ボーンホルム島に駐屯するドイツ守備隊の司令官は、デンマーク本土のドイツ占領軍同様、英米軍に降伏するものと考え、ソ連から出された降伏要求を拒否したのである。これに対し、ソ連軍は、ラネ、そして南部の町ネクスーを空爆した。さらに、ラネ沖に戦艦を出動させたため、ボーンホルム島のドイツ守備隊の司令官もついに降伏した。その日は5月9日、すでにデンマーク本土が解放されてから4日後のことであり、ヨーロッパでの戦闘が終結した、いわゆるＶＥデーの翌日のことだった。こうした理由から、ボーンホルム島では、デンマークが解放された5月5日に、終戦を記念して国旗を揚げることを拒む人が少なからずいるという。ボーンホルム島は、戦争中よりも、むしろデンマーク本土の解放後に戦災を受けたといえるのである。

01 ソ連軍によって空爆されたラネの町。（ボーンホルム博物館蔵）

ラネと並んで、ソ連の空爆によって大きな被害を受けた南部の町ネクスーには、小さな博物館がある。戸口の上に「1796」と年号が記されたクリーム色の建物の博物館館内は広くないが、上階の第2次世界大戦のコーナーには、ソ連軍の空爆を受けたネクスーの町の空撮写真が展示されている。この空爆によって、町の建物の半分弱がほぼ破壊され、多くの人々が家を失った。そうしたネクスーとラネに、「家」を贈ったのが、スウェーデン政府だった。

ボーンホルム島の解放直後、スウェーデン政府は、組み立て木造住宅を船で送り、このうち75軒がネクスーに建てられた。このようなスウェーデン風の色とりどりの木造住宅が立ち並ぶ一帯は、「スウェーデン・タウン」と呼ばれている。

ネクスー博物館の建物を出て、裏手へ回ると、小さな庭がある。この庭は、ソ連軍による空爆50周年を記念して造られたもので、オープニング式典には、デンマークのマルグレーテ女王が出席したそうだ。

ボーンホルム島を空爆し、占領したソ連軍は、そのまま島に駐留し続けた。ボーンホルム島は、特殊な立場に置かれたのである。デンマーク政府とソ連との交渉の末、ソ連軍がボーンホルム島から撤退したのは、デンマーク本土の解放から約1年後の１９４６年4月のことだった。ネクスーの博物館には、この時、ラネ港を敬礼しながら後にするソ連の司令官の写真が展示されている。T・K・デリーの『スカンジナビアの歴史――ノルウェー、スウェーデン、デンマーク、フィンランド、アイスランド』によれば、同じくデンマーク領のグリーンランドに駐留していたアメリカは、ソ連軍がボーンホルム島を撤退するのを待ってから、グリーンランドのアメリカ空軍基地を引き続き維持する意向を明らかにしたという。

ソ連占領時代の遺物は、グズイェムの博物館にも残されていた。町はずれの高台にあるこの博物館は、１９５２年に鉄道が廃止されるまで、駅舎兼駅員の宿舎だったという赤色をした建物である。

絵画や工芸品など、さまざまな展示物が並べられた博物館の中を見て回っていて、2階の一隅に、すすぼけた赤い星形をした木製の標識がひっそりと展示されているのを見つけた。赤い星形の中央には、ソ連国旗にある鎌とハンマーが描かれ、標識には木の棒が取り付けられている。ソ連占領と関係するものらしい。

説明プレートを探したが、どこにも見当たらない。下の階に降りて、受付にいた銀髪の女性に尋ねてみた。「あれは、この島の女性の伝統的な装飾品です」という答えだったので、「いや、そうではなくて」といいかけると、女性は、「この島の女性の伝統的な装飾品」について、滔々と説明しだした。ひとしきり説明を聞いてから、改めて標識の形状を述べて尋ねると、「そんなものあったかしら?」と不審そうな様子である。とうとう上についてきてもらうことになった。

02 ボーンホルム島がソ連に占領されていた時代を物語る標識。

標識の現物を見て、女性は納得してくれたが、彼女自身も、標識の来歴については知らないという。あちこち探して、ラミネート加工された説明シートを見つけ出し、占領時代、グズイェムのホテルをソ連軍が本部としていたこと、標識はその本部にあったものであることを教えてくれた。女性によれば、そのホテルは、今でもホリデー・アパートメントとして現存しているそうだ。女性は、ラネの出身だそうで、「こんなこと、まったく知らなかった！　あなたの頑固さのおかげで、こちらも勉強したわ」と苦笑していた。

しかしながら、ボーンホルム島からソ連軍が撤退しても、「戦争」は終わらなかった。冷戦が始まったからである。デンマークは、１９４９年に北大西洋条約機構（ＮＡＴＯ）に加盟し、西側の一員となった。そうした中で、ボーンホルム島は、ポーランドや東ドイツに地理的に近いという位置関係から、冷戦の舞台の１つとなっていく。

かつては病院だったという建物を用いたラネの博物館には、この冷戦時代のボーンホルム島に関する展示コーナーがある。その説明によれば、１９４６年にデンマークがソ連と交わした協定では、ボーンホルム島に外国軍を駐留させないことがうたわれていた。確かに、「外国軍」は駐留しなかったものの、冷戦初期、ボーンホルム島は、イギリスの情報機関ＭＩ５の東側への潜入地点となっていたそうである。また、ソ連軍撤退後、ボーンホルム島には、実際の運用にはデンマーク軍があたるＮＡＴＯの軍事用レーダーと情報収集施設が設けられた。ここでは、東側の通信の傍受が行われ、１９６８年のソ連軍によるチェコへの軍事介入の折には、戦車の中のソ連兵の会話が傍受されていたという。

こうした冷戦下のボーンホルム島では、デンマーク本土と同じく、あるいはソ連軍による空爆と占領の経験によってそれ以上に、核戦争の脅威がリアリティーをもって受け止められていたようだ。ラネの博物館には、核戦争になった際の対応の仕方について記したパンフレットが展示されていた。学校にはシェルターが設けられ、1993年まで、毎週水曜日にはサイレンが鳴り、避難訓練が行われていたそうだ。その冷戦も終わり、ボーンホルム島に設けられたNATOの情報収集施設は、2012年に閉鎖された。

ラネ博物館からほんの少し歩けば、もう町の中央広場だ。多くの観光客がくつろぐ広場のオープンカフェからは、ドイツ語や英語も聞こえてくる。戦争とは程遠い、平穏な島の風景が広がっている。

コラム 6

住民の劇場

ボーンホルム島中心の町ラネの旧市街は、小道沿いに、色とりどりのどことなく懐かしい風情のある家々が立ち並ぶ、ぶらぶら歩きにもってこいのところだ。そんな旧市街の一角に、黄色の壁に赤い屋根の建物がある。一見すると普通の民家のようだが、実は、これはデンマークで現役最古の劇場の建物なのである。

このラネ劇場が開場したのは、1823年のことである。ほぼ同時期に開場したリューゲン島・プトブスの劇場がギリシャ風の堂々たる円柱を備えた、いかにも劇場らしいたたずまいの白亜の建物であるのに対し（第38章参照）、ボーンホルム島のラネ劇場は、ずいぶんと質素な雰囲気だ。それは、この劇場が領主ではなく、ラネの地元住民によって設立されたからにほかならない。

当時、ラネの演劇好きの地元住民たちがアマチュア劇団を立ち上げた。そして資金を集めて設立したのが、ラネ劇場の始まりである。彼らがラネ劇場で上演したのは、シェークスピア劇といった難しいものではなく、コメディーや、セリフと音楽からなるボードビルといった人々になじみやすい演目だったそうだ。やがて、ラネ劇場には、プロの劇団も巡業にくるようになる。

その後、浮き沈みを経ながらも、地元住民によって支えられ、今日に至るラネ劇場には、いくつかユニークな点がある。その1つが、ボーンホルム方言による演劇の上演である。1920年代、アマチュアの地元住民によって、ボーンホルム方言でコメディーが書かれるようになり、公演は人気を呼んだ。その流れは、今も受け継がれ、地元にあるアマチュア劇団の1つは、ボーンホルム方言で行われる演目をレパートリーにしており、ラネ劇場で上演する。方言での上演で、地元の観客に演劇に親しみをもってもらうだけでなく、ボーンホルム方言が消滅する

デンマーク現役最古の劇場、ラネ劇場の入口。

ことを防ぐ狙いもあるという。

　そして、もう1つのユニークな点は、演劇スクールがあることだ。約7か月に及ぶ演劇スクールの授業の締めくくりは、ラネ劇場での公演である。実際に舞台の上で日頃の成果を披露する受講生たちは、やはり緊張することだろう。

　現在、ラネ劇場では、地元のアマチュア劇団の公演や、全国的なプロ劇団のゲスト公演など、古典的なコメディーからモダンダンスまで様々な演目が上演されている。演じ手や演目が時代によって移り変わっても、変わらないのは、ここが地元の人々に愛され、支えられた、住民の劇場としてあり続けているということではないだろうか。

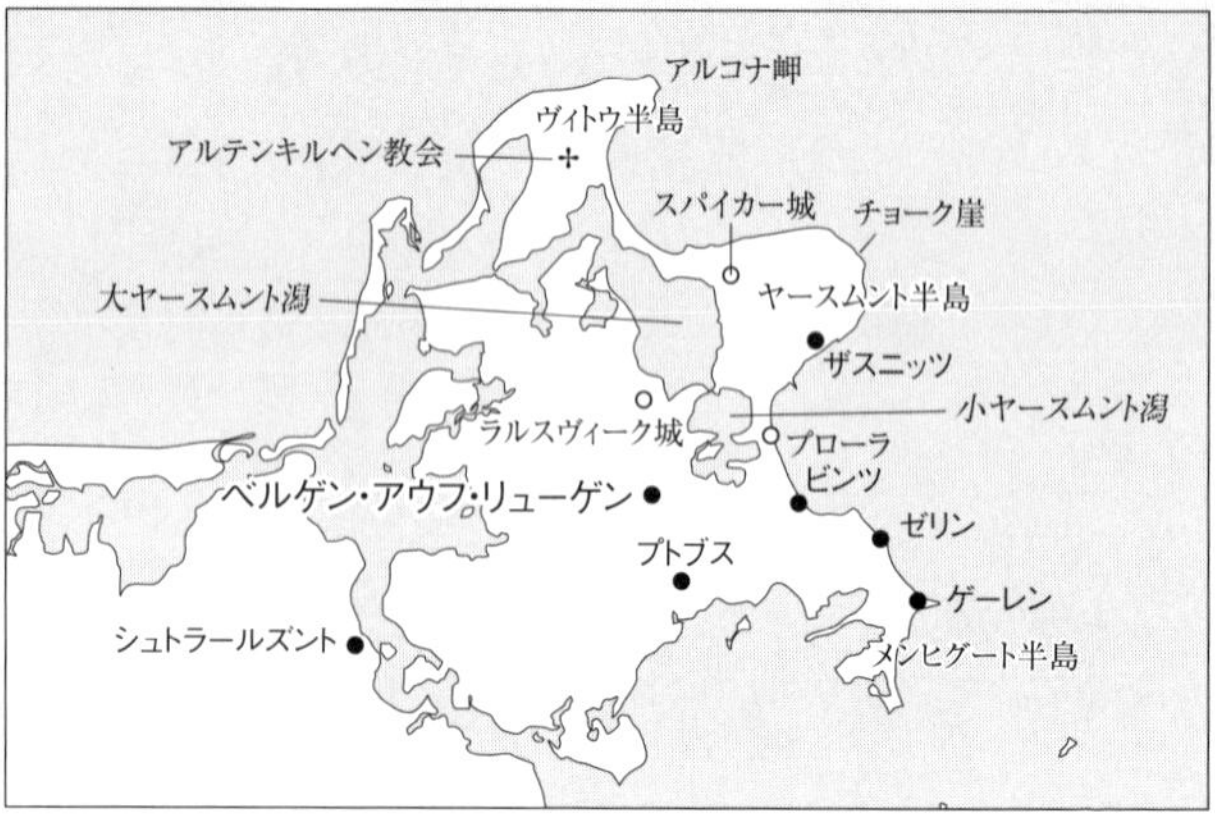

リューゲン島：Rügen

ドイツ連邦共和国
人口：約 77,000 人（2006 年）
面積：935 平方キロメートル
中心都市：ベルゲン・アウフ・リューゲン

第Ⅷ部

リューゲン島——環の島

35 石段と白い崖の町

いよいよバルト7島をめぐる旅も、ドイツ・リューゲン島で最後となった。リューゲン島は、バルト7島の中で、エーランド島と同じく、橋で本土と結ばれているが、道路だけでなく鉄道でも結ばれている点では唯一の島である。

リューゲン島は、本島に加え、そこからまるで触手のように伸びた4つの半島と小島からなる独特の地形をしている。かつては本島とつながっていなかった小島が、砂浜や砂州などにより、半島となって本島とつながり、一方で、かつては本島とつながっていた半島が、海面の上昇によって、本島と離れ、小島になるなど、島がリボンで結ばれた環のように広がっている。

この環の島リューゲン島へは、ドイツ本土から行く場合、列車でも車でも、北部の都市シュトラールズントまで行き、橋を渡る。一方、バルト海の船旅を楽しむなら、フェリーだ。今回は、デンマークのボーンホルム島からフェリーを利用した。フェリーの乗客のほとんどが、自家用車で来たドイツ人の家族連れである。3時間半ほどの航海で、リューゲン島のザスニッツ港に到着する。

ザスニッツの町は、リューゲン島の環の1つをなすヤースムント半島にあり、およそ9000人が住む。リューゲン島の行政の中心は、ベルゲン・アウフ・リューゲンという町だが、ザスニッツは、リューゲン島の海の玄関口ということができる。今回利用したデンマーク・ボーンホルム島ラネからのフェリーをはじめ、スウェーデンのトレレボリ、リトアニアのクライペダなどからも、国際フェリー便がある。

ただし、こうした大型国際フェリーが発着するのは、町から車で約15分の郊外にある新港である。この新港は、列車からの引き込み線も設けられた規模の大きなものだが、あたりは造成中といった雰囲気の少々殺風景なところだ。

新港が建設される前、リューゲン島の海の玄

01 ザスニッツの旧港。

関口としての役割を果たしていたのは、ザスニッツの町中にある旧港である。現在は、島内を運航する小型船や、遊覧船の港として使われ、大型フェリーは、前を素通りしてしまう。しかし、かつては、ここが国際定期旅客船の発着でにぎわったところなのである。

デンマーク・ボーンホルム島ラネといった外国の港とザスニッツとの間に国際定期旅客船が通うようになったのは、1889年にさかのぼる。ラネの博物館には、1936年のベルリン－ザスニッツ－ラネ間の定期旅客船のポスターが展示されていた。それによると、ベルリンを10時35分に出発し、ザスニッツに15時38分着、同地を16時に出発し、ラネに20時10分着、とある。おそらく、ベルリン－ザスニッツ間は列車で移動し、ザスニッツで船に乗り換えたものと思われる。当時から、ザスニッツがベルリンとラネの中継点になっていたことがわかる。

元々は漁村だったザスニッツが、観光の発展にともない、次第にリゾートタウンとしての装いを整え、「北のジェノバ」と呼ばれるようになっていくのは、19世紀後半以降のことである。ザスニッツの町の中には、当時をしのばせる瀟洒な造りのこぢんまりした一軒家風ホテルやホリデー・アパートメントが多い。これらは大半が、古い建物をリノベートしたものである。こうした宿泊施設は、「ヴィラ・××」と名乗っていることが多く、「××」の部分は、「マリー」といった女性名がつけられている場合が多い。かつて、宿泊施設の主の妻の名をつけるのが習わしだったそうだ。

古き良き時代のリゾートの雰囲気が漂う界隈を抜けると、坂道に出る。眼下には海が広がっている。さらにそこから石段を下りると、旧港に行き着く。あたりにはカフェやレストラン、土産物屋や観光遊覧船の案内所などがあり、多くの観光客がそぞろ歩くにぎやかな場所だ。

旧港から先には、プロムナードと呼ばれる遊歩道が海に沿って続いている。海と反対側は崖になっていて、そこにはホテルやホリデー・アパートメントが立ち並んでいる。遊歩道半ばにあるノスタルジックなたたずまいのストランド・ホテル横の坂を上がると、さらにホテルの建物に沿って、路地のような石段が続く。このあたりは、石段や細い小路が入り組んでいる。石段があるため、車も入ってこない。ちょっと熱海伊豆山あたりの別荘地を歩いているような気がした。

ザスニッツはリューゲン島で早くから開発されたリゾートタウンだったが、やがて、南にビンツやゼリンといった美しいビーチを抱える新たなリゾートタウンが開発されると、ザスニッツにはビーチがないことから、客をそちらに取られるようになっていく。だが、ザスニッツには、リューゲン島のランドマークと称される貴重な観光資源が存在していた。町はずれに約12キロにわたって続

02

02 プロムナード沿いには、ホテルやホリデー・アパートメントが立ち並ぶ。

く、石灰岩でできた白い崖「チョーク崖」である。特に「王の椅子」と呼ばれる118メートルの高さの崖は、「チョーク崖」の中でも、いちばんの名所として知られている。

「チョーク崖」一帯は、ドイツ統一直前の1990年に、東ドイツによってヤースムント国立公園として指定され、さらに2011年には、国立公園内の海岸林がユネスコの世界遺産に登録された。車で来た観光客は、現在、少し離れた場所にある駐車場に車を止め、シャトルバスに乗り換えて、「チョーク崖」に向かう。シャトルバスは、うっそうとした林を抜け、国立公園のビジターセンターに到着する。観光客は、ここからさらに林の中を歩き、「チョーク崖」を目指す。

「チョーク崖」の名所「王の椅子」を見るなら、「ヴィクトリアの眺め」と名づけられた崖の展望台からがよい。ここ自体も、角のように海に突き出た切り立った崖で、青い海を背景に、真っ白に輝いている。エストニア・サーレマー島のパンガ断崖もそうだが、石灰岩の崖は、もろもろとして崩れやす

03リューゲン島のランドマークと称される「チョーク崖」。

い。この「チョーク崖」でも、2005年に、大規模な崩落が起き、崖の一部が失われたそうだ。

この場所を「ヴィクトリアの眺め」と名づけたのは、プロイセン王、後にドイツ皇帝となるヴィルヘルム1世である。1865年、朝の散歩で、ここを訪れたヴィルヘルム1世は、素晴らしい眺望に、息子フリードリヒ3世の妻ヴィクトリアの名をつけた。ヴィクトリアは、イギリスのヴィクトリア女王の長女で、自由主義的な考えを持つ人だったといわれている。保守的なヴィルヘルム1世とヴィクトリアは、必ずしもそりがあったとは思えないが、ヴィルヘルム1世は、崖の輝くような白さに彼女を重ねたのだろうか、それとも削ぎ落としたようにきっぱりした崖の姿に彼女を連想したのだろうか。

一方、「王の椅子」の名の由来は、古代、海からこの崖によじ登り、崖の上の椅子に座ることができた者が王に選ばれたという伝説に基づくとされる。ヴィクトリアの夫フリードリヒ3世は、1888年、父ヴィルヘルム1世の死去にともない、ドイツ皇帝となった。だが、すでに病を得ていたフリードリヒ3世は、即位から3か月ほどで亡くなる。そうしたヴィクトリアの境遇を思い、「王の椅子」から向こうにある「ヴィクトリアの眺め」をのぞむと、崖のまばゆいばかりの白さが底知れぬ悲しみをたたえた色のように感じられた。

36 幻のリゾート

環の島リューゲン島の本島とザスニッツや「チョーク崖」のあるヤースムント半島は、バルト海側では、リボンのように延びた砂州によって結ばれている。砂州の片側がバルト海、もう一方の片側は、水門によってバルト海の入り江と隔てられた小ヤースムント潟である。砂州の長さは9・5キロ、幅は約2キロある。

この砂州のバルト海に面した側は、弓なりの弧を描く美しい砂浜と松林が続いている。風光明媚なこの場所をいちだんと有名にしているのが、ナチス時代に計画されたプローラというリゾート施設の廃墟である。この廃墟は、「プローラの巨人」と呼ばれるように、6階建てのコンクリート製建物群6ブロック（元々は8ブロック）が長さ4・5キロにわたって延々と連なる、けたはずれのスケールで名を馳せている。

この巨大なリゾート施設を建設したのは、ナチスの組織の1つドイツ労働戦線に属する歓喜力行団である。「喜びを通して力を」という意味の歓喜力行団は、人々に旅行やスポーツといったレジャーを低価格で提供することを通じて、国民としての一体感を高めようとする組織であった。プローラのリゾート施設は、まさにその典型の1つであり、2万人の宿泊客が10日間の休暇を過ごすための８０００室の部屋からなる宿泊棟、同じだけの人数を収容することのできるフェスティバル・ホール、ヨーロッパ初の波ありスイミング・プール、展望台、歓喜力行団のクルーズ客船用の埠頭などの建設が計画された。

リゾート施設の建設が開始されたのは、１９３６年のことである。だが、１９３９年に第2世界大戦が始まると、建設は中止され、施設は未完成のまま放置された。現在は、その一部が博物館として公開されている。

プローラの全容を知るためには、公開されている博物館を見学するだけではなく、できれば端から端まで歩くことを勧めたい。建物群のいちばん端に立って前方を見ると、先にはコンクリートの建物群が本当に文字通り

01 リゾートマンションとして再開発中のプローラ。

02 再開発を待つ建物。

延々と続いている。建物群は、まるで城壁のように連なっており、一定間隔で直角につけられた棟が規則正しく並んでいる。終戦後、リューゲン島はソ連軍に占領され、プローラの建物群の一部は、その時、爆破された。しかし、それでもなお、これだけの建物群が累々と残っているのである。

建物群が始まる手前の空き地には、プレハブ小屋が建っていた。小屋の壁面には、青い海を背景に女性が寝転んでいる写真ポスターが掲げられ、幟がはためいている。どうやら、ここを再開発し、分譲リゾートマンションとして売り出そうとしているようだ。建物群の周りは、赤白の紐で囲われ、近づけないようになっている。そこに看板が立っており、基本的な構造は同じだが、白く近代的に化粧直しされたリゾートマンションの完成予想写真のポスターが貼ってあった。だが、肝心の建物のほうは、壁にはスプレー落書きが残り、窓はところどころ白いシートで覆われ、荒れ果てた様子である。再開発の完成までには、まだ時間がかかりそうだ。

しばらく歩いていくと、建物群が途切れ、別の新たな建物群ブロックが始まる。こちらは、紐ではなくフェンスで囲まれ、一部の建物には足場が組まれて、再開発工事の真最中だ。窓はすべて取り払われ、中はがらんどうで、向こう側の空が見える。ドリルで間の壁をぶち抜いているらしい音が響く。立て看板を見ると、こちらは別の業者で、白く塗り直され、リノベートされたリゾートマンションが延々と海岸線に続き、建物と海の間に広がる松林はかなり間引きされて、そこにプールが設けられた完成予想図が掲げられていた。

工事車両が行き来し、埃っぽい道をさらに歩いていくと、古い建物に交じって、そこだけ真っ白にリノベートされたリゾートマンションの区画が現れた。確かにこうして化粧直しされていると、70年以上前に建ったものとは思えない。1階には、小さなカフェも営業している。

そこを過ぎ、かなり歩き疲れた頃、ようやく博物館にたどり着く。観光バスが何台もとまり、観光客で賑わっている。

館内も、大勢の人で混雑している。中でも人気のプローラのジオラマは、18メートルあるそうだが、団体客が鈴なりに張り付いている。また、館内には、当時の客室も再現されている。幅の狭いシングルベッド2台とソファ、椅子、テーブルが窮屈そうに置かれた小さな部屋である。トイレやシャワーは共同で、各階の隅

03 リゾートマンション完成予想図の看板。

にある。覗いてみたが、殺風景なコンクリート造りで、リゾートというより、臨海学校の寮のような雰囲気だった。

1950年代になると、プローラは、東ドイツ国家人民軍の施設として使われるようになる。広大な敷地には、軍の駐屯地のほか、陸軍工業学校、軍事刑務所などが設けられた。『トラベル・ガイド——バルト海沿岸諸国の冷戦時代の痕跡』[*1]によると、冷戦時代、プローラは地図に載っていなかったそうである。冷戦時代には、こうしたことがありがちだった。

現在、博物館があるのは、この東ドイツ国家人民軍陸軍工業学校だった建物である。ゆえに、博物館の中には、ナチス時代のものに加え、東ドイツ国家人民軍に関する博物館も設けられている。

こちらの博物館も広い。そこに、東ドイツ国家人民軍に関する、ありとあらゆるものが

＊1　Johannes Bach Rasmussen, *Travel Guide: Traces of the Cold War Period, The Countries around the Baltic Sea*, Nordic Council of Ministers, 2010.

04 プローラのジオラマ。多くの人たちが見入っている。

展示されている。東ドイツ国家人民軍陸軍工業学校は、ドイツ再統一後、2年ほど統一ドイツ軍の教育施設として使われ、1992年に閉鎖された。その際、残された東ドイツ時代の遺物が、そのままそっくり豊富な展示資料になったのだろう。2段ベッドが入れられた兵士用の部屋、ややゆったりめの士官用の部屋、さまざまな軍服や軍帽、勲章、通信機器のたぐい、1944年にソ連のスパイとして日本で処刑されたリヒャルト・ゾルゲの胸像も置かれていた。

東ドイツ時代、ここには、また、「ヴァルター・ウルブリヒト・ハイム」と名づけられた軍の保養施設が設けられていた。ヴァルター・ウルブリヒトとは、初代国家評議会議長として、東ドイツの指導者だった人物である。博物館には、客室やダイニングルーム、ラウンジなどを写した当時のモノクロ写真が展示されていた。保養施設とはいいながらも、写真からは、やはり「東側」の雰囲気が色濃く感じられる。

博物館を見学したら、帰りは、再び埃っぽく長い、長い道のりを戻る。帰り際、思いついて、行きがけに見かけたプレハブ小屋のリゾートマンション現地事務所に立ち寄ってみた。壁に部屋番号を記した一覧表が掲げられ、「成約済み」らしき部屋には、シールが貼られている。ざっと4分の1ほどは売れているようだ。ナチスが建て、幻のリゾートで終わったこの場所は、今度こそ、人々が憩う平和な時代のリゾートとなるのだろう。

37 ラーン人

元々はゲルマン人が住んでいたリューゲン島に、西スラブ人であるヴェンド人の部族の1つ、ラーン人が定住するようになったのは、9世紀頃といわれている。ヴェンド人とは、ボーンホルム島の部（第Ⅶ部）で触れた、同島をしばしば襲撃した「異教徒」である。

ヴェンド人の宗教は多神教だったが、中でもラーン人はスヴァンテヴィトという名の神をもっとも高く位置づけていた。そのスヴァンテヴィトを祀る神殿があったのが、リューゲン島北部のアルコナ岬である。アルコナ岬は、ザスニッツや「チョーク崖」のあるヤースムント半島から、さらにリボンのように伸びた砂州によって結ばれたヴィトウ半島にある。この半島は、環の島リューゲン島のいちばん北の環の部分にあたる。

ラーン人は、このバルト海に突き出た断崖のアルコナ岬に、塁壁をめぐらして防備した神殿を建て、4つの頭を持った木製の大きなスヴァンテヴィト神像を祀っていた。市原宏一『中世前期北西スラブ人の定住と社会』[*1]によれば、アルコナ岬の神殿では、年に1度収穫後に全島の島の民衆が参加する祭礼が行われ、祭礼における貢納は神殿に奉納されたという。また、神殿には、ラーン人だけでなく、ほかの部族からも毎年貢納が行われた。神殿の祭司は、こうした貢納や、戦や略奪によって獲得されたすべての利益を管理下に置き、遠征の是非を決定する際には、神殿で神託を執り行うなど、ラーン人社会の中心的役割を果たしていたとされる。

アルコナ岬は、現在、リューゲン島屈指の観光地となっている。「チョーク崖」同様、アルコナ岬へ行くには、2キロほど離れた場所の駐車場に車を置いて乗り換える「パークアンドライド・システム」がとられている。後は、観光馬車や、蒸気機関車を模したトラクターが引っ張るトロッコ列車型の観光自動車の利用、あるいは自転車や徒歩といった手段もある。「トロッコ列車」に乗車すれば、途中、土産物屋やレストラン、プチホテル、歩いて岬に向か

*1 市原宏一『中世前期北西スラブ人の定住と社会』九州大学出版会、2005年。

01 アルコナ岬。航海無線塔の奥に、ラーン人の遺跡が広がっている。

う観光客などをかすめ、アルコナ岬に15分ほどで到着する。

「トロッコ列車」の降車場から、道は右と左に分かれ、右には神殿があったとされるヤロミルスブルク遺跡、左には2つの灯台がある。大半の観光客は、左へ向かう。1827年に完成したレンガ造りの四角い灯台、そのすぐ横に立つ1902年に完成した「新」灯台は観光名所であり、加えてそのまわりには、東ドイツ国家人民軍などが使用したバンカー、すなわち地下に造られた掩蔽壕《えんぺいごう》が公開されているからである。

一方、1927年に建てられた航海無線塔の背後に広がる遺跡のほうは、人影もまばらだ。ここに神殿を設けていたリューゲン島のラーン人は、デンマークやヴェンド十字軍による侵攻を受け、いったんはキリスト教に改宗するものの、侵攻者が去ると、再び「異教徒」に舞い戻るということを繰り返してきた。そして、ボーンホルム島など、デンマークへの襲撃を行っていたことは、すでに紹介した通りである。

しかし、1168年、ついにここアルコナ岬のラーン人の拠点は、デンマークのヴァルデマー1世によって攻め落とされる。神殿やスヴァンテヴィト神像は破壊され、ラーン人はキリスト教に改宗し、リューゲン島は、デンマーク領の公国となった。今、この遺跡に、神殿をはじめ、ラーン人の痕跡をしのばせるものは、ほとんど残っていない。破壊されたことに加え、「チョーク崖」と同じく、この場所の崖は崩れやすく、遺跡のおよそ半分は海に崩落してしまったからである。

キリスト教化されたリューゲン島では、さっそく多くの教会が建てられた。アルコナ岬から少し行った、ヴィトウ半島の中央に位置するアルテンキルヘン教会も、そうした1つであり、リューゲン島で2番目に古い。

のどかな村の中にある、1185年頃に創建された教会は、赤レンガ造りで、年代を感じさせる風格が漂う。古いということもさることながら、この教会を有名にしているのが、ラーン人の「異教」の痕跡である。

その1つが、教会内部に置かれた洗礼盤である。

02

灰岩を用いて作られたという洗礼盤は、円形の四方に人面がついた不思議な形をしている。しゃがんでよく見ると、人面はギョロ目に、ぷっくりと膨らんだ頬を持ち、髭と髪の毛も線刻されている。ゴットランド島・ウーヤ教会の戸口に刻まれた聖エリギウスの顔を思い出したが、顔が4つついているところが、4つの頭を持つラーン人の神スヴァンテヴィトとつながるということらしい。
もう1つの「異教」の痕跡は、教会内部の壁にはめ込まれた「スヴァンテヴィト・ストーン」と呼ばれる石である。石には、人型が線刻され、中央にひときわ目立つホルン型をしたものが彫られている。このホルン型をしたものは、「豊穣の角」

02 ラーン人ゆかりの人面洗礼盤。

といわれるもので、ラーン人は、祭礼の際、神殿の祭司がスヴァンテヴィト神像の持つ「豊穣の角」に酒を注ぎ、酒のなくなり具合で豊穣を占ったという。つまり、この石は、元々は祭司の墓石だったというのである。

一方、別の説もある。ヴァルデマー1世のデンマーク軍がリューゲン島を攻めた時、ラーン人の長は、テッティスラヴという人物だった。彼は、アルコナ神殿の陥落後、デンマークに降伏し、リューゲン公として封ぜられ、ヴィトウ半島を与えられたという。石は、1170年に死去したこのリューゲン公テッティスラヴの墓石だともされる。石に刻まれた人の顔は、すり減ってほとんどわからない。司祭にしろ、長にしろ、少なくともラーン人であることは間違いないのだろう。

テッティスラヴが死去した後、リューゲン公の座を継いだのは、彼の兄弟ヤロミルだった。アルコナ神殿の陥落前にすでにキリスト教に改宗していたヤロミルは、リューゲン島でのキリスト教の普及に努めるとともに、デンマークがバルト海南岸を攻撃する際には、封臣として参加した。

そのヤロミルの墓石といわれるものが、リューゲン島本島中央部の町ベルゲン・アウフ・リューゲンの教会にある。人口約1万5000人のベルゲン・アウフ・リューゲンは、今日、リューゲン島の行政の中心であるが、元々は、ラーン人の長がこの近くに砦を築いていた。リューゲン島がデンマーク領の公国となると、砦近くの丘の上に、新たにベルゲン・アウフ・リューゲンの町が作られ、公国の中心となったのである。

ヤロミルの墓石があるという聖マリア教会は、町の中心にある。アルコナ神殿の陥落からほどなく、ヤロミルが自身の居城内の教会として建設を開始したとされるこの教会は、リューゲン島でいちばん古い教会である。赤レンガ造りのどっしりとした建物で、高い尖塔がひときわ目立つ。

ヤロミルの墓石という石は、教会の外壁にはめ込まれている。思ったより小さく、木漏れ日の中で、ひっそりたたずむ様子は、まるで道祖神のようである。アルテンキルヘン教会の石と同じく、やはりすり減っていて、顔の表情はよくわからない。ヤロミルは1218年に死去したが、その約190年後、ラーン人の言語を話す最後の話者が死去して、ラーン人の言語は消滅した。教会の壁にはめ込まれたヤロミルの墓石というこの石は、歴史のかなたに消えていったラーン人が、確かにここリューゲン島にいたという証なのかもしれない。

03 ひっそりとたたずむヤロミルの墓石。

38 領主たちの望み

1168年、リューゲン島は、デンマーク領の公国となり、ラーン人の長は、デンマークの封臣リューゲン公として遇せられた。それから数百年後の1325年、時のリューゲン公が男子の後継者なく没し、リューゲン公国は、バルト海南岸にある神聖ローマ帝国の領邦国家ポンメルン公国に併合された。そしてさらに時は下って、1648年、ヨーロッパ諸国・諸侯がカトリックとプロテスタントに分かれて戦った30年戦争の講和条約ウェストファリア条約によって、リューゲン島は、プロテスタント側のスウェーデンが獲得し、スウェーデン領ポンメルンの一部となった。

このスウェーデン領ポンメルンの総督となったのが、カール・グスタヴ・ウランゲルである。彼は、30年戦争で功績をあげた貴族であり、スウェーデン国王カール10世グスタヴから厚い信頼を受けていたという。カール10世グスタヴは、エーランド島でボリホルム城を改築し、オッテンビューの御料地に石壁を築いたあの王であり、彼の治世下で、スウェーデンは、「バルト帝国」としての地位を固めた。リューゲン島を含め、バルト7島すべてがスウェーデン領となったのも、この時代である。

01 赤いスパイカー城。

リューゲン島に領地を与えられたウランゲルの城が、今も残っている。リューゲン島の環の1つであるヤースムント半島が、リボンのような砂州で別の環であるヴィトウ半島とつながる根元に位置する、スパイカー城である。元々は、リューゲン島対岸のシュトラールズントの貴族の城だったが、子孫が途絶え、ウランゲルに与えられた。

地図で見ると、スパイカー城は、いくつにも連なるリューゲン島の環をかいくぐってバルト海が流れ込む大ヤースムント潟からさらに入った小さな入り江の近くにある。ウランゲルは、この城をスウェーデン風に赤く塗った。リューゲン島がスウェーデン領になったことを、この赤い城によって、一目瞭然に示したいと望んだのかもしれない。城は、現在、ホテルになっている。チェックアウトしたらしい客が、車に荷物を積み込んだり、城のまわりの緑美しい庭や森の写真を撮ったりしていた。

ウランゲルは、カール10世グスタヴの下、多くの戦争を戦った。だが、カール10世グスタヴが講和条約を破ってデンマークに戦争を仕掛け、戦争中に急死すると、スウェーデン、そしてウランゲルの運命は下り坂になっていく。その後の戦いは、どれも不首尾に終わり、なおかつ、ウランゲル自身、長年の戦で健康が悪化していた。1676年、ウランゲルは、ここスパイカー城で息を引き取る。その時、スウェーデン領ポンメルンは、攻め込んできたブランデンブルク＝プロイセンとの戦いの最中だった。

ウランゲルが残した赤い城スパイカー城は、その後、別の貴族の手に渡り、1817年、リューゲン島南部の領主プトブス家のヴィルヘルム・マルテ1世に買い取られる。プトブス家は、ラーン人の長の一族を始祖とする家系で、ウランゲルの娘が嫁いでいたことから、ウランゲルとも縁続きといえる。

ヴィルヘルム・マルテ1世がスパイカー城を買い取る2年前、ヨーロッパを揺るがしたナポレオン戦争後の処理について議論されたウィーン会議で、リューゲン島が属するスウェーデン領ポンメルンは、プロイセンへの譲渡が決まった。スウェーデン領ポンメルンで総督に任命されていたヴィルヘルム・マルテ1世は、リューゲン島がプロイセン王国下に入ると、プトブス公に叙せられる。そのヴィルヘルム・マルテ1世が情熱を傾けたのが、領地プトブスの町づくりだった。中でも、プトブスの町の中心にある円形広

02 美しくデザインされたプトブスの円形広場。
（出所：*Resudebzstadt Putbus*, Rügendruck Putbus）

場は、「代表作」といえるだろう。

プトブスの町は、リューゲン島本島南部にある。町のランドマークは、何といっても、円形広場である。広場は緑地帯になっており、ぐるりと並木が円形に取り囲んでいる。広場に沿って一周する道路の外側には、建物が広場を取り囲むように、やはりぐるりと円形に建ち並んでいる。

広場の中央には、オベリスクがそびえ、そこから放射線状に8本の並木道が延びている。ヴィルヘルム・マルテ1世は、イギリスのリゾート地バースのような町並みにプトブスをしたいと望み、バースを手本にこの円形広場を造った。広場中央のオベリスクの前に立って、360度見回すと、そのデザインがよくわかる。放射線状に伸びた並木道の先には、どこも白い建物が見える。これもデザインの一環であり、プトブスが「白い町」といわれる所以である。

そうした白い建物の前には、バラが植えられ、薄いオレンジ色やピンクのバラの花が満開に咲いている。「バラの町」というプトブスのもう1つの呼び名の所以であるが、ヴィルヘルム・マルテ1世は、建物を白くし、建物の前にはバラを植えるよう、住民に金を与えたという。町づくりへの情熱のほどがうかがえる。

円形広場から少し行ったところには、劇場がある。ギリシャ風の

02

円柱が印象的な、ここも白い建物である。1821年に開場したこの劇場は、今も現役として使われている。道路を挟んだ劇場の向かいには、公園が広がっている。ここには、ヴィルヘルム・マルテ1世の壮麗な城があった。だが、現在は何も残っていない。1962年に、東ドイツによって跡形もなく壊されてしまったからである。

03

ヴィルヘルム・マルテ1世のプトブス城は消滅してしまったが、それよりやや後に建てられながら、破壊を免れた城もある。リューゲン島本島中部のラルスヴィーク城である。城があるラルスヴィークという場所は、その昔、ラーン人の交易地だったところで、スパイカー城とは対岸の大ヤースムント潟の最奥部に位置する。

大ヤースムント潟のほとりの集落から、細い山道を上がっていくと、ラルスヴィーク城の入り口に着く。ラベンダーが咲く美しい中庭があり、まるでおとぎ話に出てくるお城のように、いくつもの塔を備えたラルスヴィーク城が見える。この城は、ここに土地を取得した実業家のフーゴ・ショ

03フランス・ルネッサンス様式のラルスヴィーク城。

ルト・ダグラス伯爵がフランス・ルネッサンス様式の城の建設を望んで、1893年から1896年にかけて建てさせたものである。東ドイツ時代にも壊されず、老人ホームや障がい者施設として利用され、現在はホテルとして営業している。

城の裏に回ると、張り出したテラスがあり、その前から夏草の生い茂る斜面が大ヤースムント潟に向けて続いている。斜面を下りていくと、塀で囲まれた野外劇場の裏手に出た。塀の隙間から覗くと、椅子がぎっしり並んだ客席と、城門のようなセットが見え、リハーサルの最中らしく、俳優の声が朗々と聞こえる。ここでは、毎年夏に、クラウス・シュテルベッカーという中世の伝説的な海賊を題材とした野外劇が開催される。舞台の一部として後ろに広がる大ヤースムント潟に船を浮かべ、打ち上げ花火なども用いる大掛かりな野外劇は、多くの観客を集めるリューゲン島の人気観光イベントとなっている。このイベントは、元々、東ドイツ時代に始められ、一時中断したものの、ドイツ再統一後に再開された。破壊を免れたラルスヴィーク城とともに、この地に根付いているといえるだろう。

夏草をかき分けながら斜面をあがり、再び城のテラスに戻った。テラスのレストランでは、ブーケを持った60代ぐらいのカップルを囲んで、小さなパーティーが開かれていた。銀婚式か、あるいは再婚式だろうか。城の記念アルバムの1ページを見ているようだった。

39 リゾートタウン点描

環の島リューゲン島には、ザスニッツをはじめ、バルト海沿いにリゾートタウンが点在している。特に、南部には、人気のリゾートタウンが多い。１８４０年にリューゲン島本島とつながったリューゲン島の南西の環をなすメンヒグート半島にあるゲーレンも、そうしたリゾートタウンの１つである。ゲーレンは、犬吠埼のように、バルト海にぐっと突き出た岬に広がる町で、１８７８年に海浜リゾートとして認定された歴史を持つ。ゲーレンの海岸へと下りていく通りは、ちょっと日本の海水浴場の土産物屋街に似た雰囲気だ。海岸沿いには、並木とラベンダーの咲くプロムナードが整備され、ソーセージやハチミツ、アクセサリーなど、さまざまなテント掛けの屋台が店を出し、人でにぎわっている。

プロムナードから砂浜に下りると、目に飛び込んでくるのが、砂浜に整然と並ぶ何十ものビーチチェアである。まるで人力車の人が乗る部分だけを取り外して砂浜に置いたような、日よけの幌で覆われた、人が2人座れる籐製の椅子が、皆、南の方向、すなわち太陽の方向に向けて並べられている。ビーチチェアの中には、水着の人たちが思い思いに座っている。

浜辺中央には桟橋が延びている。そこを境に、左側には水着の人たちが座っているのが見える正面を向いたビーチチェア、右側には後ろの白い日よけ部分しか見えない、こちらに背を向けたビーチチェアが並ぶ。その光景は、なにやら現代アートを見ているようだ。

このゲーレンとプトブスの間には狭軌鉄道が敷かれ、ローランド号という蒸気機関車が走っている。狭軌鉄道は、1895年に、プトブスと、ゲーレンの北に位置するリゾートタウン、ビンツの間で開業し、その後、1899年にゲーレンまで延伸された。ドイツ再統一後、リューゲン軽便鉄道として再出発し、現在はリューゲン・ベーダー鉄道となって、プトブス－ゲーレン間、約24キロをローランド号が時速30キロで走っている。沿線にリゾートタウンが点在するこの鉄道は、リューゲン島にとって重要な観光資源の1つとなっているのはいうまでもない。

ゲーレンの北には、1880年代に開発され、アルバート・アインシュタインも訪れたというリゾートタウン、ゼリンがある。ゼリンの町は、バルト海と、メンヒグート半

01 ビーチチェアが並ぶゲーレンの浜辺。

島を回ってバルト海が細い水路を通じて流れ込むゼリン湖の間に広がっている。先のローランド号が走るリューゲン・ベーダー鉄道は、ゼリン湖に沿って延びている。

ここゼリンを整備したのは、プトブス領主ヴィルヘルム・マルテ1世である。敷石の敷かれた町のメインストリートは、ヴィルヘルム・マルテ1世にちなんで、ヴィルヘルム通りと名づけられている。ヴィルヘルム通りの両側の歩道には、それぞれに2列に並木が植えられ、その後ろにはアール・デコ調のホテルやホリデー・アパートメントの美しい白い建物が続く。別名「白い通り」と呼ばれるヴィルヘルム通りは、海岸を見下ろす高台のところで終わっている。

この高台から下は、白い砂浜が広がり、そこに無数のビーチチェア、そして正面にはブリッジ・ハウスがあり、その後ろに桟橋が続いている。遠浅の海には泳ぐ人の姿が点々と見え、沖合には白いヨットの帆も見える。30メートルの高さがあるという高台から海岸へは、急な階段がついており、横には並行してケーブルカー型の小型エレベーターもついている。

桟橋の入り口にあるブリッジ・ハウスは、オープンテラスのレストランになっており、人でいっぱいだ。その後ろに続く桟橋は、リューゲン島でいちばんの長さを誇る。この

02 別名「白い通り」と呼ばれるゼリンのヴィルヘルム通り。

栈橋は、火災や氷によって、1906年の完成以来、数度にわたって壊れ、現在のものは、1998年に再建されたものだ。

栈橋から再び急な階段を上がり、ヴィルヘルム通りに戻ったら、通りの角にあるホテルに注目したい。塔屋のあるクラシックなスタイルのこのホテルは、元々、ヴィルヘルム・マルテ1世にちなみ「ヴィルヘルム公ホテル」と名づけられた、1896年開業のホテルだった。「ヴィルヘルム公ホテル」は、1920年代には、食事が美味しい一流ホテルとして名を馳せたとされる。

だが、東ドイツ時代になると、状況は一変する。河合信晴『政治がつむぎだす日常――東ドイツの余暇と「ふつうの人びと」』[*1]によると、東ドイツでは、憲法および労働法に労働者の保養の権利が明記されており、労働組合は、組合員とその家族に保養旅行の斡旋を行う「休暇サービス」という組織を設置していた。しかし、労働組合が保有する施設数は十分ではなかったため、1953年、「バラ作戦」と呼ばれる、個人経営ホテルやペンションの強制国有化措置が実施される。ゼリンの

03 ゼリンのブリッジ・ハウスと栈橋。

＊1　河合信晴『政治がつむぎだす日常――東ドイツの余暇と「ふつうの人びと」』現代書館、2015年。

「ヴィルヘルム公ホテル」も、この時、国有化され、「平和」という名に変えられた。

ドイツ再統一後の1993年、往時の輝きを失って荒れ果てたホテルの建物は壊され、新たに現在のホテルが再建された。このホテルに限らず、ゼリンやザスニッツなど、リューゲン島のリゾートタウンのホテルやホリデー・アパートメントは、この「バラ作戦」によって国有化され、ドイツ再統一後、元の姿に復元されたものが多い。ゼリンの「白い通り」の美しい家並は、東ドイツ時代を乗り越え、再びかつての輝きを取り戻したものなのである。

リューゲン島に点在するリゾートタウンの中で最大規模のものといえば、何といってもビンツである。ビンツは、リューゲン島本島とヤースムント半島を結ぶ砂州の付け根に位置し、東にバルト海、西にシュマフター湖に挟まれた細長い町で、ナチスのリゾート施設があったプローラは、その近郊にあたる。ビンツをリゾートタウン化するのに一役買ったのは、ゼリンを整備したプトブス領主ヴィルヘルム・マルテ1世である。彼は、しばしば客人をビンツの海水浴に招き、ここをリゾートタウンとする先鞭をつけた。ビンツは、1870年代には、上流階級の集うリゾートタウンに発展し、「東のニース」と異名をとるようになる。

そうしたビンツの繁栄を今に伝えるのが、海岸沿いに建つクアハウスである。2つの赤い三角屋根の塔を持つ堂々たるクアハウスの建物は、ビンツのランドマーク的存在である。1890年にこのクアハウスの開業に臨席したのが、ドイツ皇后アウグステ・

ヴィクトリアだった。彼女は、あの「チョーク崖」の名所「ヴィクトリアの眺め」の名の由来となったヴィクトリアとフリードリヒ3世の間の息子ヴィルヘルム2世の妻である。舅フリードリヒ3世が即位してまもなく死去したため、夫ヴィルヘルム2世が皇帝に即位し、彼女も皇后となったのは、クアハウス開業の2年前のことだった。だが、1918年のドイツ革命勃発により、ヴィルヘルム2世は退位し、家族とともにオランダに亡命する。アウグステ・ヴィクトリアが最後のドイツ皇后として亡命先で世を去ったのは、そのわずか3年後のことだった。

ビンツからザスニッツまで戻るには、バスに乗って陸路を帰ることもできるが、やはりここは、リューゲン島の海の玄関口ザスニッツを実感するために、小型船に乗って海路から戻ることにしたい。ビンツ港の桟橋を離れた小型船は、ザスニッツに針路を向け、速度を増していく。きらめく波の向こうに蜃気楼のようにクアハウスが立つ姿は、かつてのビンツの繁栄の時代とそこに集った人たちのさんざめきを今によみがえらせるかのようだ。

04 海上から見たビンツのクアハウス。

コラム 7

冷戦の遺構

リューゲン島・アルコナ岬は、この島を代表する観光名所の1つである。景色に加え、ラーン人の遺跡など見どころも少なくないが、なかでも多くの観光客が訪れるのが、新旧並び立つ様式の異なる2つの灯台である。

その2つの灯台からほんの少し歩いたところに、奇妙な光景が広がっている。草むらの中に無数の湾曲した鉄パイプが、同じ方角を向いてにょきにょきと地面から突き出ているのである。それは、まるで現代アートのようにも、あるいはあたかも植物が生えているかのようにも見える不思議な眺めだ。

この鉄パイプの正体は、旧・東ドイツ国家人民軍が造った掩蔽壕《えんぺいごう》の換気孔である。掩蔽壕は、かまぼこ型のコンクリート・トンネルの上に盛り土をしたもので、ところどころに入り口が設けられている。

アルコナ岬の草むらに広がる奇妙な光景。

一見するとそれとわからないが、3本の大トンネル、9本の小トンネルからなる壕が下には広がっており、鉄パイプの換気孔は、トンネル内の換気のために設けられたものなのである。

アルコナ岬のこの掩蔽壕が造られたのは、冷戦時代である。掩蔽壕は、リューゲン島駐留海軍小艦隊の司令部や、海軍の訓練施設などとして使われた。ドイツが再統一された1990年、東ドイツ国家人民軍は廃止され、アルコナ岬の掩蔽壕も閉鎖された。その後、地元自治体が掩蔽壕を整備し、現在は、アルコナ岬の歴史や掩蔽壕を紹介する展示施設となって、一部が公開されている。

冷戦時代に大半が「国境の島」として位置づけられていたバルト7島では、アルコナ岬の掩蔽壕のような冷戦時代の遺構が残っているところが少なくない。特に、旧東側の島々には、こうした冷戦時代の遺構が、そのままの状態で放置されていることがよくある。たとえば、ソ連軍の沿岸防衛基地が設けられていたヒーウマー島のタフクナ半島には、戦争博物館として公開されている施設のまわりの森の中に、分厚いコンクリートでできた旧ソ連軍のトーチカや、鉄道のレールなどが残されている（第11章参照）。アルコナ岬の掩蔽壕のように、観光資源として再活用されているところもあれば、自然の中に取り残され、埋もれていく冷戦時代の遺構もあるのだ。

冷戦が終わって、約四半世紀が過ぎた。アルコナ岬で掩蔽壕の換気孔が地面からにょきにょき突き出る奇妙な光景を見る時、改めて冷戦とはなんだったのかと思わずにはいられない。

40 〈エピローグ〉バルト7島の協力

古くから交易や移住、そして時として襲撃や紛争といった形で、バルト7島は、相互に関係しあってきた。だが、冷戦時代、そうした関係は、ぷっつりと途絶える。バルト7島は、冷戦の最前線にある「国境の島」として位置づけられ、関係性を持って広がる「海域」としてのバルト海のありようは失われた。

冷戦の崩壊は、そうしたバルト7島にとって、失われた関係を取り戻し、新たに発展させていく契機をもたらすことになった。そして誕生したのが、島々の協力の枠組み、バルチック7バルト諸島ネットワークである。バルチック7は、ベルリンの壁が崩壊した1989年に、ヒーウマー島、サーレマー島、オーランド諸島、ゴットランド島、エーランド島、ボーンホルム島によって立ち上げられ、1993年にリューゲン島が加わった。これらの島々は、バルト海島嶼の中で、比較的面積規模が大きく、また地方自治体として一定程度の権限を持っていたという共通点があった。

バルチック7の設立を主導したのは、オーランド諸島、ゴットランド島、ボーンホルム島だった。とりわけ、そこでは政治家の役割が大きかったようだ。長年にわたってバルチック7に関わってきたボーンホルム島のDさんによると、当時、本国デンマークの外務大臣がバルト海の島々の協力関係構築に関心を持ち、ボーンホルム島の県知事がそれに呼応して、バルチック7設立を推進したという。

こうして政治家主導で始まったバルチック7だったが、バルト7島の協力関係構築に、住民たちも決して無関心ではなかった。「西側」にあったオーランド諸島やゴットランド島、エーランド島、ボーンホルム島の人々は、かつてさまざまな関係が存在しながら、冷戦時代に関係が途絶えてしまった旧「東側」の島々について関心を寄せた。ゴットランド県庁で文化局長や国際局長などを務めたUさんは、それを「好奇心」と表現したが、旧「東側」の島々の状況を知りたいという思いが、当時、「西側」の島々の住民の間にあったといえるだろう。一方、ヒーウマー島、サーレマー島、リューゲン島といった旧「東側」の島々の住民にとって、バルト7島の協力は、冷戦崩壊によって開けた新たな、しかし同時に不確実な世界で暮らしていく際の支えの1つとなった。

住民による初期のそうした協力を物語るエピソードがある。1990年、エーランド島で農民団体の代表を務めていたJさんは、エーランド島の対岸にある町カルマルで働くサーレマー島出身のある男性と知り合いになった。その男性から、サーレマー島の農民が農機具不足で困っていると聞いたJさんは、仲間とともに、トラクターなど多くの農機具を集め、エーランド島ボリホルム港からサーレマー島に船で送った。そして同じくその年、カルマルの病院からサーレマー島の病院へ寄贈された多くの医療器具を携え、Jさんは、自ら車を運転し、サーレマー島へと向かった。そうした縁から、Jさんはサーレマー島に友人ができ、何度も同島を訪れることになった。この話をメールで教えてくれたJさんは、現在はボリホルム町議会議長を務めている。「サーレマー島に行くたびに、エーランド島から送った農機具がまだ使われているのを見て、うれしく思う」と、Jさんは記していた。

このようなバルト7島の協力を推進させていく契機となったのは、冷戦崩壊だけではなかった。1993年のEU発足に代表されるヨーロッパ統合の深化・拡大も、大きく影響していた。バルト7島の本国では、ドイツ、デンマーク、フィンランド、スウェーデンがEUに加盟し、さらにエストニアも加盟に向けて進みつつあった。旧「東側」の島々ばかりでなく、「西側」にあった島々も、本国の枠組みから大きく広がったEUの中で、自分たちの島がどのような立場に置かれるのか、懸念を抱いていたということができよう。本国にあっても「周縁」と位置づけられがちなバルト7島は、バルチック7という協力枠組みを通じて、ヨーロッパ拡大の流れに対応しようと試みたのである。バルチック7が発行したあるパンフレットの中に、「本国は私たちを周縁とみなすかもしれないが、私たちはみな一緒にバルト海の中心にいる」と書かれていた。この一文に、バルチック7に寄せる島々の思いが読み取れる。

そしてさらに、EUも、バルト7島の協力推進を後押しする役割を果たした。EUは、ヨーロッパ統合の基盤として、国境を越えた地方同士の協力を重視し、補助金の支給といった形で、これを支援した。バルチック7の活動も、こうした補助金を一部活用しながら進められてきた。また、バルト海地域では、たとえばバルト海の環境保護問題を扱うヘルシンキ委員会（HELCOM）といった地域協力の枠組みがすでに存在しており、バルチック7にとって、地域協力を展開しやすい環境があったともいえる。

再び、ゴットランド島のUさんの言葉を引けば、バルト7島の人々は、バルチック7の協力枠組みに、「大きな希望」を抱いた。冷戦という空白の時代を超えて、5つの国にまたがるバルト海の7つの島々の協力が、新たな形で始まったのである。

こうして、バルチック7の協力が始まった。バルチック7には、各島の首長といった政治家代表からなる運営委員会と、各島の幹部公務員からなるバルチック7会議が設けられ、議長と事務局は毎年、各島が回り持ちで務めることになった。バルチック7が行う活動は多岐にわたったが、その根底には、「本土」とは異なる、島ならではの状況に対する共通の問題意識があったといえるだろう。

橋で「本土」と結ばれているエーランド島とリューゲン島は、少々、状況が異なるが、他の島々は「本土」から離れており、交通手段は、船や飛行機に限られる。こうしたところから、物資の輸送や人の移動には、どうしてもコストがかかる。また、特に冬場は天候が悪化して、船や飛行機が欠航することもあり、物資の輸送や人の移動に支障をきたすことも少なくない。

さらに、島は人口規模が少ないため、マーケットも限られており、さまざまな産業が育つ余地はあまりない。そのことは、雇用、すなわち職が少ないという状況に結びつく。職が少ないと、とりわけ若い人々は、職を求めて、島を離れ、「本土」に渡ってしまう。そうなると、島は、だんだんと人口が減少し、高齢化が進むことになる。人口の減少は、島の自治体の財政に影響を及ぼし、公共サービスの低下にもつながりかねない。

バルチック7は、こうした島ならではの状況を踏まえ、輸送と海運、経済とビジネス、生活の質（QOL）といった柱を立て、活動を展開してきた。バルチック7の活動について、実際にそれに携わった人たちは、どのようにとらえているのだろうか。訪問先の島々で、活動の意義について尋ねたところ、ほぼ全員が口をそろえて「人と人とのフェース・ツー・フェースのネットワークができたこと」をあげた。

先に触れたように、冷戦時代、バルト7島は、「東」と「西」に分断され、交流は途絶えた。出入りが厳しく制限された「東」の島同士はもちろん、「西」の島同士でも、交流が頻繁という状況では必ずしもなかった。しかし、バルチック7の活動を通じて、バルト7島の間に、国境を越えた人と人との交流が生まれたのである。

国境を越えて島々の間で、人と人とが直接、顔を合わせて交流することを通じて、人々は、お互いに学んだり、刺激を受けたりすることができたという。たとえば、ヒーウマー島でバルチック7の活動に携わるRさんは、島の住民を連れてバルト海の島々の視察旅行を実施した。そして、視察先のエーランド島で、秋に収穫祭というイベントを実施して、多くの観光客を集め、通常は夏で終わってしまう観光シーズンの引き延ばしに成功している事例を知った。担当者にノウハウなどを教えてもらったRさんと住民たちは、帰ると、さっそくヒーウマー島でも収穫祭を実施し、多くの観光客を集めて成功させた。「ヒーウマー県庁の中では、視察旅行なんか行ったところで、役に立たないという声もあったけれど、それを押し切って決行したのよ」と、Rさんはカラカラと笑っていた。

バルト海の島々にとって、夏の観光シーズン以外にも、いかに島に来てもらうかは、共通の課題である。上記の収穫祭は、そうしたオフシーズンの集客を図るアイデアの一例だが、ゴットランド島では、中心都市ヴィスビューに会議場を設け、様々な会議を誘致することで、オフシーズンの集客を試みている。前述のゴットランド島のUさんの話によると、バルチック7関連の会議で訪れたオーランド諸島の代表たちが、これに触発され、オーランド諸島の中心都市マリエハムンに会議場を建設したそうである。話を聞いて、マリエハムンのオーランド諸島自治政府の建物近くに、立派な会議場があったことを思い出した。

ちなみに、ゴットランド島の場合、会議場に隣接して、スウェーデン最古の大学、ウプサラ大学のゴットランド分校と公立図書館を兼ねた大学図書館が設けられている。ゴットランド県の職員としてバルチック7の活動に関わっているAさんによれば、ゴットランド分校は、島の実情に見合った「ちょうどいいレベルの高等教育」を目指しており、進学による若者の島外移住を食い止め、卒業後も島に定着してもらえることを目標としているという。このゴットランド分校は、元々、1998年に創設されたゴットランド大学を基としている。オーランド諸島でも、1997年にマリエハムンで職業訓練機関のネットワーク組織として発足したオーランド応用化学大学が、2003年に独立組織として成立した。大学設立も、若者の島への定着に向けてのアイデアの1つといえるだろう。

話を会議場に戻すと、会議場建設といったハード面だけにとどまらず、会議企画のソフト面でも、島同士の人と人との交流から、広がりが生まれた。ゴットランド島・ヴィスビューの会議場近くに、アルメダーレン公園というところがある。輪壁に沿って広がる緑美しいこの公園では、毎年夏になると、その名も「アルメダーレン・ウィーク」という政治イベントが開催される。元々、1968年に、当時のスウェーデン首相オーロフ・パルメが、この公園の近くで、トラックの荷台から人々に演説をしたことに端を発するこのイベントは、今では、諸政党が主催者となり、各種団体も参加して、党首の演説のほか、政治、社会、経済など様々なテーマのセミナーや討論会が開催される一大イベントになっている。このイベントの特徴は、原則、誰でも無料で参加できることである。政治家と一般市民が様々な問題について直接討論する機会を提供する「アルメダーレン・ウィーク」は、年々、大規模になり、今では、数万の参加者を集める。そして、「アルメダーレン・ウィーク」は、これに刺激を受けたボーンホルム島でも始められた。ボーンホルム島自治体勤務のHさんによると、「人々の政治フェスティバル」と銘打ったボーンホルム島の「アルメダーレン・ウィーク」も、多くの参加者を集めているとのことだ。

島同士の人と人との交流は、大人だけに限らない。バルチック7は、若者の交流にも力を入れてきた。そうしたバルチック7の活動の1つに、B7競技会がある。B7競技会は、バルト7島の青少年を対象に、各島回り持ちで行うスポーツ大会である。短距離、長距離、リレー、ジャンプ、サッカーなどのスポーツを通じて、国外との交流の機会がそれほど多くない島の青少年に交流の場を提供している。

そして、もう1つの活動が、ユース・キャンプである。これも、各島回り持ちで、13歳から16歳の青少年が一緒に寝起きして、音楽や演劇、映画、美術、手工芸などのワークショップに参加し、交流を深めている。また、ユース・キャンプから派生して、16〜17歳の若者が参加するユース会議も開かれている。島の将来などをテーマに、若者の視点から議論し、バルチック7に対し提言を行っている。

さらにもう1つ、忘れてならないのは、数年おきに開催されるルドルフ・トビアス・ピアノ・フェスティバルである。ヒーウマー島の部（第Ⅲ部）でも紹介したが、この島出身の作曲家トビアスを記念して開かれるピアノのコンテストには、バルチック7の青少年交流の一環として、バルト海の島々からもピアノを学ぶ若者たちが参加している。長年、バルチック7の青少年交流活動に従事しているヒーウマー島のEさんは、このような直接顔を合わせる交流が、人見知りがちな島の人々、特に若者にとって重要だと語っていた。

バルチック7がこうした若者の交流に力を入れてきたのは、何よりも若者が未来を担う存在だと位置づけているからにほかならない。バルチック7による国境を越えた島同士の若者の交流を通じて、若者は他の島について知るとともに、翻って自分たちの島についても認識を新たにするようになる。また、島での教育や雇用など共通の課題を発見し、それにどのような対処を図ることができるのか、ユース・キャンプなどの活動を通じて、ともに考えていくことで、他者との協力や実践的な思考などを身に着けていく。バルチック7で若者の交流を担当する「人と人作業部会」が活動20周年を記念して発行したパンフレットには、「若者は、私たちの島の将来の政治家」と記されていた。

その一方で、バルチック7の活動を進めていく過程で、さまざまな問題も現れてきた。その1つが、活動コストである。バルチック7は会議やイベントを各島で行っているが、なにぶん、バルト海に散らばる島々であるため、集まるのに費用がかかる。ある程度のまとまった人数が参加するB7競技会などは、宿泊は各自が持参したテントや寝袋としてコストの削減を図っているが、それでもコストは、継続的に活動を行っていく上での大きな問題となっている。

また、各島の自治体としてのあり方の違いも、バルチック7の活動を進めていく中で、問題として浮かび上がってきた。バルチック7のメンバーの中には、自治政府を樹立し、高度の自治権を有するオーランド諸島から、自治体としての裁量権が比較的小さいヒーウマー島やサーレマー島まで、自治体といっても、そのあり方には幅がある。バルチック7の会議でも、時として、その場で決めることができず、メンバーが本国に戻り、政府と協議を行わなければならないなど、時間がかかることも出てきたのだった。

これらがバルチック7の内部の問題とするならば、バルチック7を取り巻く外部の環境に起因する問題も浮上してきた。バルチック7の設立当初は、冷戦崩壊直後という状況の中で、「西側」の島々が「東側」の島々に関心を抱いた。また、EU発足によるヨーロッパ統合の進展の中で、「西側」、「東側」双方の島々は、自分たちの位置づけに懸念をおぼえていた。だが、冷戦崩壊直後の混乱が収まり、ヒーウマー島とサーレマー島の本国であるエストニアが2004年にEUに加盟を果たし、バルト7島すべてがEU圏内に入ると、状況は変化した。エーランド島でバルチック7の活動を管轄していたJさんは、「関心の低下」と率直に述べていたが、設立当初のバルチック7に対する熱気が、だんだんと冷めてきたのである。

そこに、バルチック7を揺るがす出来事が起きた。2013年、バルチック7設立の推進役だったボーンホルム島がバルチック7を脱退したのである。ほかの島々には寝耳に水の出来事であり、波紋が広がった。

当のボーンホルム島でバルチック7を担当していた前述のHさんに話を聞いた。ボーンホルム島の部（第Ⅶ部）でも触れたが、Hさんの話によれば、同島もほかのバルト7島の島々と同じく、人口減少という問題に直面している。人口減少は税収の減少につながり、ボーンホルム島の財政を圧迫した。さらに、ボーンホルム島の本国デンマークの自治体改革により、ボーンホルム島は、「県」から「基礎自治体」になり、予算の使い道に、よりいっそう配慮しなければならなくなった。ボーンホルム島は、バルチック7に行っている財政負担に比して見合うだけのものが少ないと判断し、脱退を決めたのである。「バルチック7に戻る可能性はありますか？」という私の質問に、Hさんは「ない」ときっぱり断言した。

さらに、翌2014年、ボーンホルム島に続いて、エーランド島もバルチック7を脱退した。バルチック7は、バルチック5になってしまったのである。前述のエーランド島のJさんに、脱退の理由を尋ねてみた。「ボーンホルム島抜きでは、もはや本来のネットワーク組織としての基盤がないから」というのが答えだった。やはり、ボーンホルム島の脱退は、ほかの島々に大きな影響を与えたようである。

ボーンホルム島とエーランド島が抜けたバルチック7の今後は、どうなるのだろうか。2島に続いて、これからも脱退する島が現れてくるかもしれない。現に、前述のゴットランド島のAさんによると、同島の政治家はバルチック7脱退の意思を示しているそうである。そうなると、最終的には、バルチック7が解体してしまう可能性も否定できない。

バルチック7からの脱退組、残留組を問わず、バルト7島には、バルチック7以外にも国境を越えた協力枠組みが存在しており、その意味では、バルチック7がなくなっても特に不都合なことはないといえるのも確かである。たとえば、そうした協力枠組みとしてあげられるのが、ヨーロッパ周縁海洋地域会議（CPMR）である。1973年に設立されたCPMRは、ヨーロッパ周縁の沿岸に位置する28か国の150地域から構成されている。CPMR内には、地域ブロックごとの委員会が設けられており、バルト7島の中では、島嶼委員会にヒーウマー島、サーレマー島、ゴットランド島、ボーンホルム島が、バルト海委員会にはヒーウマー島、サーレマー島、ゴットランド島、オーランド諸島が属する南西フィンランド地域、リューゲン島が属するメクレンブルク＝フォアポンメルン州が参加している。バルチック7に比べれば、はるかに大規模な組織であるCPMRのほうが、バルト7島にとって、メリットが大きいともいえよう。

ただ、たとえバルチック7が将来的に枠組みとしてはなくなってしまったとしても、その20年以上にわたる活動を通じて培われたバルト7島間の協力は、何らかの形で残るのではないだろうか。バルチック7の活動に携わった人たちが、その意義について、異口同音にあげた「人と人とのフェース・ツー・フェースのネットワーク」が、今後も様々な場面で生きてくるのではないかと思われるからである。そのように考えれば、バルチック7は、本来の役目を十分に果たすことができたともいえる。

バルト海は、バルト7島の人々にとって、人やモノの往来、文化や技術の伝播といった広い意味での交流の場となってきた。それは、紀元前の昔から、今に至り、そして今後も形を変えながらそうあり続けることだろう。バルト7島の人々にとって、バルト海は、単なる海水のたゆたう空間ではなく、関係性を持った「海域」として存在しているからである。

おわりに

元々、太平洋島嶼諸国の地域協力を研究テーマとしてきた私がバルト海の島々に関心を抱くようになったのは、今から6～7年前のことである。太平洋島嶼諸国の地域協力は、当初、島嶼諸国の大統領や首相たちが膝を突き合わせてさまざまな問題を議論していくことによって発展し、住民たちの声がそこに反映されることも少なくなかった。だが、時がたつにつれ、そうした太平洋島嶼諸国の地域協力のあり方は、地域機構が整備されていくことで変容し、次第に住民たちから遠い存在となり、官僚的になっていった。もっと住民たちと距離の近い地域協力はないのだろうかと思い始めていた時、出会ったのが、本書の舞台となったバルト海の島々、本書でいうところのバルト7島である。太平洋の場合は、地域協力の主体が国家であるのに対し、バルト海の場合は主体が地方自治体（オーランド諸島は自治政府）であり、国境を越えた島々の地域協力のあり方として興味がわいた。思い返せば、大学時代の恩師・百瀬宏先生はフィンランド史研究の泰斗であり、これも何かの縁《えにし》かもしれない。

バルト7島の中で最初に訪れたのは、エストニアのヒーウマー島だった。日本ではほとんど知られていないこの島で、いろいろな人に会い、いろいろな場所を訪れ、多くの刺激と示唆を受けた。だが、同時に、何層にも複雑に重なりあった島の歴史の一端に触れたことで、より本格的にバルト7島について勉強する必要性を強く感じた。

その後、幸い、エストニアの首都タリンにあるタリン大学政治科学ガバナンス研究所で、研究する機会を得た。その間、バルト7島について勉強を進めるとともに、島々への訪問を重ね、現場でさまざまなことを見聞きすることができた。そして生まれたのが、本書である。

本書の中に登場するバルト7島で話を聞かせてくれた人たちは、こちらが驚くほど率直にいろいろなことを語ってくれた。本書が単なる旅行記で終わらないとしたら、それはひとえにこうした島の人たちのおかげである。また、本書準備期間中、父をはじめ家族には暖かく支えてもらった。特に、島々への調査旅行、本書執筆の過程で、ともすればくじけそうになる私を励まし、応援してくれたのは、夫・祐馬だった。総走行距離何千キロにも及ぶ道のりを運転し、いつも傍らにいてくれた夫に心から感謝したい。

最後に、性格づけの難しい本書の刊行をお引き受けいただいた明石書店の兼子千亜紀氏にお礼を申し上げたい。定評あるエリア・スタディーズのシリーズの1冊として本書を刊行することができ、筆者としてはうれしい限りである。

2016年冬

小柏葉子

◉著者紹介

小柏葉子（おがしわ・ようこ）
1959年生まれ。広島大学大学院社会科学研究科教授。専攻は国際関係論。
著書に『アジア太平洋と新しい地域主義の展開』（千倉書房、2010年、共著）、『南太平洋を知るための58章――メラネシア、ポリネシア』（明石書店、2010年、共著）、『変貌する権力政治と抵抗――国際関係学における地域』（彩流社、2012年、共著）、『オセアニアと公共圏――フィールドワークからみた重層性』（昭和堂、2012年、共著）など。

エリア・スタディーズ　155
バルト海を旅する40章――7つの島の物語

2017年2月25日　初版第1刷発行

著　者　小　柏　葉　子
発行者　石　井　昭　男
発行所　株式会社明石書店
〒101-0021 東京都千代田区外神田6-9-5
電話 03（5818）1171
FAX 03（5818）1174
振替　00100-7-24505
http://www.akashi.co.jp/
装丁／組版　明石書店デザイン室
印刷／製本　日経印刷株式会社

（定価はカバーに表示してあります）　ISBN978-4-7503-4478-2

エリア・スタディーズ

1 **現代アメリカ社会を知るための60章**
明石紀雄、川島浩平 編著

2 **イタリアを知るための62章**【第2版】
村上義和 編著

3 **イギリスを旅する35章**
辻野功 編著

4 **モンゴルを知るための65章**【第2版】
金岡秀郎 著

5 **パリ・フランスを知るための44章**
梅本洋一、大里俊晴、木下長宏 編著

6 **現代韓国を知るための60章**【第2版】
石坂浩一、福島みのり 編著

7 **オーストラリアを知るための58章**【第3版】
越智道雄 著

8 **現代中国を知るための44章**【第5版】
藤野彰、曽根康雄 編著

9 **ネパールを知るための60章**
日本ネパール協会 編

10 **アメリカの歴史を知るための63章**【第3版】
富田虎男、鵜月裕典、佐藤円 編著

11 **現代フィリピンを知るための61章**【第2版】
大野拓司、寺田勇文 編著

12 **ポルトガルを知るための55章**【第2版】
村上義和、池俊介 編著

13 **北欧を知るための43章**
武田龍夫 著

14 **ブラジルを知るための56章**【第2版】
アンジェロ・イシ 著

15 **ドイツを知るための60章**
早川東三、工藤幹巳 編著

16 **ポーランドを知るための60章**
渡辺克義 編著

17 **シンガポールを知るための65章**【第4版】
田村慶子 編著

18 **現代ドイツを知るための62章**【第2版】
浜本隆志、髙橋憲 編著

19 **ウィーン・オーストリアを知るための57章**【第2版】
広瀬佳一、今井顕 編著

20 **ハンガリーを知るための60章**【第2版】 ドナウの宝石
羽場久美子 編著

21 **現代ロシアを知るための60章**【第2版】
下斗米伸夫、島田博 編著

22 **21世紀アメリカ社会を知るための67章**
明石紀雄 監修 赤尾千波、大類久恵、小塩和人、
落合明子、川島浩平、高野泰 編

23 **スペインを知るための60章**
野々山真輝帆 著

24 **キューバを知るための52章**
後藤政子、樋口聡 編著

25 **カナダを知るための60章**
綾部恒雄、飯野正子 編著

26 **中央アジアを知るための60章**【第2版】
宇山智彦 編著

27 **チェコとスロヴァキアを知るための56章**【第2版】
薩摩秀登 編著

28 **現代ドイツの社会・文化を知るための48章**
田村光彰、村上和光、岩淵正明 編著

29 **インドを知るための50章**
重松伸司、三田昌彦 編著

30 **タイを知るための72章**【第2版】
綾部真雄 編著

31 **パキスタンを知るための60章**
広瀬崇子、山根聡、小田尚也 編著

32 **バングラデシュを知るための60章**【第2版】
大橋正明、村山真弓 編著

33 **イギリスを知るための65章**【第2版】
近藤久雄、細川祐子、阿部美春 編著

エリア・スタディーズ

34 現代台湾を知るための60章【第2版】
亜洲奈みづほ 著

35 ペルーを知るための66章【第2版】
細谷広美 編著

36 マラウィを知るための45章【第2版】
栗田和明 著

37 コスタリカを知るための60章【第2版】
国本伊代 編著

38 チベットを知るための50章
石濱裕美子 編著

39 現代ベトナムを知るための60章【第2版】
今井昭夫、岩井美佐紀 編著

40 インドネシアを知るための50章
村井吉敬、佐伯奈津子 編著

41 エルサルバドル、ホンジュラス、ニカラグアを知るための45章
田中高 編著

42 パナマを知るための55章
国本伊代、小林志郎、小澤卓也 著

43 イランを知るための65章
岡田恵美子、北原圭一、鈴木珠里 編著

44 アイルランドを知るための70章【第2版】
海老島均、山下理恵子 編著

45 メキシコを知るための60章
吉田栄人 編著

46 中国の暮らしと文化を知るための40章
東洋文化研究会 編

47 現代ブータンを知るための60章
平山修一 著

48 バルカンを知るための66章【第2版】
柴宜弘 編著

49 現代イタリアを知るための44章
村上義和 編著

50 アルゼンチンを知るための54章
アルベルト松本 著

51 ミクロネシアを知るための60章【第2版】
印東道子 編著

52 アメリカのヒスパニック=ラティーノ社会を知るための55章
大泉光一、牛島万 編著

53 北朝鮮を知るための51章
石坂浩一 編著

54 ボリビアを知るための73章【第2版】
真鍋周三 編著

55 コーカサスを知るための60章
北川誠一、前田弘毅、廣瀬陽子、吉村貴之 編著

56 カンボジアを知るための62章【第2版】
上田広美、岡田知子 編著

57 エクアドルを知るための60章【第2版】
新木秀和 編著

58 タンザニアを知るための60章【第2版】
栗田和明、根本利通 編著

59 リビアを知るための60章
塩尻和子 著

60 東ティモールを知るための50章
山田満 編著

61 グアテマラを知るための65章
桜井三枝子 編著

62 オランダを知るための60章
長坂寿久 著

63 モロッコを知るための65章
私市正年、佐藤健太郎 編著

64 サウジアラビアを知るための63章【第2版】
中村覚 編著

65 韓国の歴史を知るための66章
金両基 編著

66 ルーマニアを知るための60章
六鹿茂夫 編著

エリア・スタディーズ

67 **現代インドを知るための60章**
広瀬崇子、近藤正規、井上恭子、南埜猛 編著

68 **エチオピアを知るための50章**
岡倉登志 編著

69 **フィンランドを知るための44章**
百瀬宏、石野裕子 編著

70 **ニュージーランドを知るための63章**
青柳まちこ 編著

71 **ベルギーを知るための52章**
小川秀樹 編著

72 **ケベックを知るための54章**
小畑精和、竹中豊 編著

73 **アルジェリアを知るための62章**
私市正年 編著

74 **アルメニアを知るための65章**
中島偉晴、メラニア・バグダサリヤン 編著

75 **スウェーデンを知るための60章**
村井誠人 編著

76 **デンマークを知るための68章**
村井誠人 編著

77 **最新ドイツ事情を知るための50章**
浜本隆志、柳原初樹 著

78 **セネガルとカーボベルデを知るための60章**
小川了 編著

79 **南アフリカを知るための60章**
峯陽一 編著

80 **エルサルバドルを知るための55章**
細野昭雄、田中高 編著

81 **チュニジアを知るための60章**
鷹木恵子 編著

82 **南太平洋を知るための58章** メラネシア ポリネシア
吉岡政德、石森大知 編著

83 **現代カナダを知るための57章**
飯野正子、竹中豊 編著

84 **現代フランス社会を知るための62章**
三浦信孝、西山教行 編著

85 **ラオスを知るための60章**
菊池陽子、鈴木玲子、阿部健一 編著

86 **パラグアイを知るための50章**
田島久歳、武田和久 編著

87 **中国の歴史を知るための60章**
並木頼壽、杉山文彦 編著

88 **スペインのガリシアを知るための50章**
坂東省次、桑原真夫、浅香武和 編著

89 **アラブ首長国連邦（UAE）を知るための60章**
細井長 編著

90 **コロンビアを知るための60章**
二村久則 編著

91 **現代メキシコを知るための60章**
国本伊代 編著

92 **ガーナを知るための47章**
高根務、山田肖子 編著

93 **ウガンダを知るための53章**
吉田昌夫、白石壮一郎 編著

94 **ケルトを旅する52章** イギリス・アイルランド
永田喜文 著

95 **トルコを知るための53章**
大村幸弘、永田雄三、内藤正典 編著

96 **イタリアを旅する24章**
内田俊秀 編著

97 **大統領選からアメリカを知るための57章**
越智道雄 著

98 **現代バスクを知るための50章**
萩尾生、吉田浩美 編著

99 **ボツワナを知るための52章**
池谷和信 編著

エリア・スタディーズ

100 **ロンドンを旅する60章**
川成洋、石原孝哉 編著

101 **ケニアを知るための55章**
松田素二、津田みわ 編著

102 **ニューヨークからアメリカを知るための76章**
越智道雄 著

103 **カリフォルニアからアメリカを知るための54章**
越智道雄 著

104 **イスラエルを知るための60章**
立山良司 編著

105 **グアム・サイパン・マリアナ諸島を知るための54章**
中山京子 編著

106 **中国のムスリムを知るための60章**
中国ムスリム研究会 編

107 **現代エジプトを知るための60章**
鈴木恵美 編著

108 **カーストから現代インドを知るための30章**
金基淑 編著

109 **カナダを旅する37章**
飯野正子、竹中豊 編著

110 **アンダルシアを知るための53章**
立石博高、塩見千加子 編著

111 **エストニアを知るための59章**
小森宏美 編著

112 **韓国の暮らしと文化を知るための70章**
舘野晳 編著

113 **現代インドネシアを知るための60章**
村井吉敬、佐伯奈津子、間瀬朋子 編著

114 **ハワイを知るための60章**
山本真鳥、山田亨 編著

115 **現代イラクを知るための60章**
酒井啓子、吉岡明子、山尾大 編著

116 **現代スペインを知るための60章**
坂東省次 編著

117 **スリランカを知るための58章**
杉本良男、高桑史子、鈴木晋介 編著

118 **マダガスカルを知るための62章**
飯田卓、深澤秀夫、森山工 編著

119 **新時代アメリカ社会を知るための60章**
明石紀雄 監修　大類久恵、落合明子、赤尾千波 編著

120 **現代アラブを知るための56章**
松本弘 編著

121 **クロアチアを知るための60章**
柴宜弘、石田信一 編著

122 **ドミニカ共和国を知るための60章**
国本伊代 編著

123 **シリア・レバノンを知るための64章**
黒木英充 編著

124 **EU（欧州連合）を知るための63章**
羽場久美子 編著

125 **ミャンマーを知るための60章**
田村克己、松田正彦 編著

126 **カタルーニャを知るための50章**
立石博高、奥野良知 編著

127 **ホンジュラスを知るための60章**
桜井三枝子、中原篤史 編著

128 **スイスを知るための60章**
スイス文学研究会 編

129 **東南アジアを知るための50章**
今井昭夫 編集代表　東京外国語大学東南アジア課程 編

130 **メソアメリカを知るための58章**
井上幸孝 編著

131 **マドリードとカスティーリャを知るための60章**
川成洋、下山静香 編著

132 **ノルウェーを知るための60章**
大島美穂、岡本健志 編著

エリア・スタディーズ

133 現代モンゴルを知るための50章　小長谷有紀、前川愛 編著

134 カザフスタンを知るための60章　宇山智彦、藤本透子 編著

135 内モンゴルを知るための60章　ボルジギン・ブレンサイン 編著　赤坂恒明 編集協力

136 スコットランドを知るための65章　木村正俊 編著

137 セルビアを知るための60章　柴宜弘、山崎信一 編著

138 マリを知るための58章　竹沢尚一郎 編著

139 ＡＳＥＡＮを知るための50章　黒柳米司、金子芳樹、吉野文雄 編著

140 アイスランド・グリーンランド・北極を知るための65章　小澤実、中丸禎子、高橋美野梨 編著

141 ナミビアを知るための53章　水野一晴、永原陽子 編著

142 香港を知るための60章　吉川雅之、倉田徹 編著

143 タスマニアを旅する60章　宮本忠 著

144 パレスチナを知るための60章　臼杵陽、鈴木啓之 編著

145 ラトヴィアを知るための47章　志摩園子 編著

146 ニカラグアを知るための55章　田中高 編著

147 台湾を知るための60章　赤松美和子、若松大祐 編著

148 テュルクを知るための61章　小松久男 編著

149 アメリカ先住民を知るための62章　阿部珠理 編著

150 イギリスの歴史を知るための50章　川成洋 編著

151 ドイツの歴史を知るための50章　森井裕一 編著

152 ロシアの歴史を知るための50章　下斗米伸夫 編著

153 スペインの歴史を知るための50章　立石博高、内村俊太 編著

154 フィリピンを知るための64章　大野拓司、鈴木伸隆、日下渉 編著

155 バルト海を旅する40章　7つの島の物語　小柏葉子 著

——以下続刊

◎各巻2000円
（一部1800円）

〈価格は本体価格です〉